CÉLINE SECRET

VÉRONIQUE ROBERT
avec
LUCETTE DESTOUCHES

CÉLINE SECRET

BERNARD GRASSET
PARIS

Tous droits de traduction, de reproduction et d'adaptation
réservés pour tous pays

© *Éditions Grasset & Fasquelle, 2001.*

Nous tenons à remercier Martine Boutang et François Gibault. Qu'ils trouvent ici l'expression de notre reconnaissance.

« Les danseuses, les vraies, les nées, elles sont faites d'ondes pour ainsi dire !... pas que de chairs, roseurs, pirouettes !... leurs bras, leurs doigts... vous comprenez !... C'est utile dans les heures atroces... hors des mots alors !... plus de mots ! Les mains seulement ! les doigts... un geste... une grâce... c'est tout... La fleur de l'être... Vous battez du cœur, vous revivez !... Sourd ? Muet ? Enchaîné ? Alors... Une danseuse vous sauve ! ».

LOUIS-FERDINAND CÉLINE.
Féerie, dans La Pléiade, IV, p. 85.

CHAPITRE I.

DANS LE SAUNA :
L'ENFANCE ; GABRIELLE LA MÈRE ; LES ANIMAUX DÉJÀ.

« Véronique, ma petite chérie, viens vite, je t'attends dans le sauna. »
Comme d'habitude, Lucette commence sa journée par un chaud et froid qui la remet dans son corps et de sa voix flûtée, elle accueille mon arrivée.
Ici tout n'est qu'odeur d'eucalyptus et lavande mêlés. Elle aime à distiller cette senteur violente qui nous saisit avant même d'avoir franchi le portail, dès l'entrée du chemin comme un avant-goût de ce qui nous attend. C'est son parfum trop fort qu'elle ne cesse de répandre dans la maison et même dans l'eau d'un bain qui s'échappe par des canalisations, embaumant la terre souterraine alentour. C'est sa marque de fabrique au même titre que la multitude de paniers accumulés, les bougies innombrables et les flacons de parfum vides et abandonnés. Les hurlements des chiens, le sifflement de Toto le perroquet, c'est elle aussi. Elle aussi et seulement elle, ce monde étrange et prenant qui se superpose à la réalité, qu'on

se surprend à penser imaginaire et qu'on craint de voir s'évanouir. Un peu comme elle, qui vieillit doucement et dont la vie ne tient presque plus qu'à un fil.
A toute vitesse, je dégringole l'escalier et la rejoins à la cave dans le sauna. Je ferme les yeux, m'enroule comme un coquillage et l'écoute raconter.

Depuis la mort de Louis, la vie ne m'intéresse plus. C'est comme si avec lui j'avais nagé dans un fleuve pur et transparent et que je me retrouvais sans lui dans une eau sale et boueuse. On a été seul tous les deux et personne d'autre pendant vingt-cinq ans. Il me protégeait de tout et je lui ai tout donné.

En voulant arrêter ma vie comme une montre que je n'aurais plus eu la force de remonter, je me suis engouffrée dans quelque chose qui me paralyse.

Je sais que si on s'intéresse à moi, c'est parce que, un jour, ma vie a rencontré celle de Céline. Malheureusement, mes souvenirs sont comme des pétales qui s'échappent d'un bouquet dont les fleurs sont mortes.

C'était l'histoire de Céline pas la mienne, mais, de cette vie, je suis ressortie brûlée.

Si, comme au théâtre, je devais définir mon personnage, je dirais qu'il s'agit d'une présence, une suivante, pas une participation.

Maintenant, je ne sors plus, je ne bouge plus, mais quand je suis dans mon lit, la nuit, le jour, je parcours ma vie à l'envers et une image plus forte que les autres s'impose à moi, je n'ai plus alors qu'à laisser se dérouler lentement le film de mon cinéma intérieur.

J'ai un an, je suis à l'île Saint-Louis dans ma poussette, une femme se précipite sur moi, m'arrache de mon landau et dit à ma mère : « Quand on sait tout ce qu'elle va vivre, il vaudrait mieux pour elle la jeter dans la Seine. »

Si, au moment de sa naissance, on pouvait voir se dessiner le fil de son existence, personne sans doute ne voudrait naître. En tout cas, moi aujourd'hui je ne recommencerais pas ma vie, ou alors à l'envers, naître vieille et mourir jeune.

J'ai toujours cru aux ondes, aux prémonitions, aux sorcières et aux fées, à toute une existence secrète qui n'a cessé au long de ma vie de me faire des signes.

Seuls deux êtres ont vraiment compté pour moi : ma mère et Céline. Seules deux passions m'ont nourrie entièrement : la danse et les animaux.

J'ai adoré ma mère, c'est la personne au monde que j'ai le plus aimée et qui me l'a si mal rendu. Elle m'a eue à dix-sept ans. Comme dans *Nana*, je l'ai amusée jusqu'à trois ans. J'étais comme une poupée pour elle, après elle a pris des amants, elle m'enfermait pour les voir, m'a inscrite en pension. Elle m'habillait avec ses vieux vêtements, j'avais l'air d'une pauvresse. Mon père parti au front, elle a dû se mettre à travailler et m'a placée chez les Sœurs.

Elle était première vendeuse chez Lanvin. Là, elle trouvait à satisfaire son goût pour le luxe et l'amour. Elle aimait le sexe pour le sexe, c'était une jouisseuse, pas une nymphomane. Elle avait une peau extraordinaire et des cheveux blonds immenses qu'elle a fait couper car c'était la mode.

Elle attirait les hommes. Je devais l'appeler par son prénom « Gabrielle ». Ce n'était pas une mère, elle avait quelque chose de dénaturé, de monstrueux…

Elle buvait, jouait, me volait pour assouvir sa passion, je crois qu'elle m'aurait souhaitée courtisane pour l'entretenir.

Sa vie fut comme un roman. Elle est née à un bout de Dieppe, l'embarcadère, pour mourir à l'autre bout, les falaises. Elle a fait la boucle. Elle est partie, après l'extraction de ses dents de sagesse, une hémorragie s'est déclarée et, se vidant de son sang, elle est morte seule sur les rochers. A la fin, elle ne buvait plus que du champagne et ne mangeait que des huîtres.

Durant le mois qui a suivi sa mort j'ai reçu des modèles haute couture de chez Patou qu'elle avait commandés et que j'ai dû payer. C'était une femme à dettes, sa vie entière, elle en a fait.

Voilà tout ce que je peux dire sur ma mère mais j'ai aussi beaucoup aimé mon père. Maman était flamande et lui normand. Je porte en moi ces deux origines, mais si je ne ressens rien en Belgique à Ostende, l'odeur du tilleul de Normandie me fait pleurer. Je pense à un soleil de Turner. Dans l'Orne, ma grand-mère avait une maison avec un tilleul. A cinq ans, elle m'a fait jurer de ne jamais le couper. Quand j'ai vendu la ferme, je n'ai pensé qu'au tilleul, je l'avais trahie.

Plus que tout, mon père désirait un garçon. Quand je suis née, il ne m'a même pas regardée. Je l'ai connu, j'avais six ans. Entre-temps, comme Céline, il s'était engagé volontaire dans l'armée, la cavalerie je crois.

Il est parti en 1912 et revenu en 18.

Il avait vingt-sept ans et ma mère seize quand ils se sont connus. Ma mère a voulu mon père, comme en enfant gâtée, elle aurait voulu un nouveau jouet : il était beau, il portait l'uniforme, elle l'a épousé. Il est parti tout de suite à la guerre et la guerre a tué leur amour. Quand il est rentré, ce n'était plus le même homme. C'était fini. Il disait : « Une femme, ça se prend comme un bifteck, c'est tout. » Ils ont attendu que je sois majeure pour divorcer mais ils se disputaient sans cesse, avaient des liaisons chacun de leur côté et ils étaient jaloux quand même.

A l'époque où ils étaient encore amoureux, je me souviens d'une scène terrible. Ma mère était médium. Une nuit, elle a voulu passer par la fenêtre pour aller rejoindre mon père qui se trouvait au front. C'était le jour où il a reçu une balle qui heureusement n'a traversé que son casque.

La dernière preuve d'amour de mon père à ma mère, c'était à Dieppe. Elle avait été se baigner dans une mer démontée et, rejetée par les vagues, elle ne pouvait pas rentrer. C'était une très bonne nageuse, mon père lui ne nageait pas bien, il est allé la chercher.

Mes grands-parents paternels possédaient des terres situées près de Mortagne, là où Gabin a eu tous ces ennuis quand il a voulu s'y installer.

Mon grand-père fabriquait des bateaux en bois. Il ne parlait jamais, je l'adorais, mais il ne m'a peut-être pas dit deux mots dans sa vie.

Il était menuisier à Saint-Nazaire, compagnon du tour de France. Il s'est établi par la suite à vingt kilomètres de Mortagne, ville des Maures, dans le Perche. C'est de là que vient mon nom Almanzor qui date de 732, quand Charles Martel a chassé les Arabes de Poitiers ; Louis s'intéressait beaucoup à la généalogie, il pensait que l'origine arabe de mon nom expliquait ce goût que j'ai toujours eu, sans raison, pour les danses orientales et espagnoles. J'avais un don, sans jamais les avoir étudiées, un peu comme si c'était dans mes gènes.

Tous les jours ma grand-mère buvait un petit verre de calvados avant d'aller traire ses vaches. Un matin, elle ne s'est pas levée, n'a rien bu, et elle est morte dans la journée...

Je suis retournée à Mortagne longtemps après, tout avait changé. J'ai retrouvé une vieille dame qui avait connu ma grand-mère, elle ressemblait à un bout de bois.

Quand nous avons quitté l'île Saint-Louis, j'étais encore toute petite et toujours aujourd'hui je me perds, quand j'essaie de retrouver le numéro de la rue Saint-Louis-en-l'Île où j'habitais. Je me souviens seulement d'un immense mur.

Nous nous sommes installés au 12, rue Monge. C'était un endroit situé au fond d'une cour encaissée, entouré par des immeubles. Quand j'y pense aujourd'hui, je revois *les Mystères de Paris* peut-être parce que Eugène Sue a habité la rue jadis. J'étouffais, mes parents n'étaient jamais là, j'étais seule toute la journée et jouais à descendre la rue Monge sur une planche.

Le jour de ma première communion à Notre-Dame-des-Victoires, ma mère avait mis une robe en dentelle, très décolletée à la Mae West. La honte que j'ai éprouvée à cette occasion est toujours, quatre-vingts ans plus tard, aussi vive.

J'adorais aussi aller au Jardin des Plantes voir les animaux, surtout un éléphant qui avec sa trompe crachait sur les visiteurs. Quand on a l'habitude de vivre avec des animaux, on ne peut plus supporter les hommes. Eux seuls sont authentiques, ils ne trichent pas. A quinze ans, j'ai eu un singe qui est mort de tuberculose, comme un enfant, en me tenant la main.

Un soir ma grand-mère maternelle a fait semblant d'être morte. Elle s'est cachée pour voir comment je réagirais. J'ai pleuré et voulu disparaître à mon tour. Elle est morte, le lendemain, à cinquante-six ans, dans un taxi. J'avais neuf ans et avais rêvé quelques jours auparavant que ma mère était en grand deuil.

Quand j'ai eu dix ans, nous avons encore déménagé pour aller vivre au 22, rue de la Banque. Je suis restée là jusqu'à vingt ans. C'était très triste, il n'y avait pas un commerce et le dimanche les rues étaient désertes. Mon père était directeur d'une maison de broderie qui occupait un immeuble de cinq étages. Il était expert-comptable et travaillait pour de grandes maisons de couture, plus particulièrement Patou. Malheureusement il a fait faillite et nous avons dû partir, quitter ce quartier d'affaires derrière la Bourse. C'était aussi un grand sportif qui adorait le vélo. Nous montions dans les arbres pour voir passer le Tour de France.

Mon père est mort à l'âge de soixante-dix ans. Il s'était remarié après son divorce avec une femme ménagère que Louis appelait « la mite » et qui m'a séparée de lui.

J'allais à la même école communale que Céline vingt ans plus tôt.

C'est étrange pour moi de constater aujourd'hui que Louis et moi, à vingt ans d'intervalle, avons fréquenté les mêmes lieux, un peu comme si j'avais suivi d'invisibles traces.

A quatorze ans, je donnais mes rendez-vous galants sous le pont Henri-IV et allais prendre mes chocolats dans un café, « le Rigodon », titre du dernier livre de Céline, et qui n'existe plus aujourd'hui. A Dieppe aussi où ma mère est née, les parents de Louis possédaient quatre petites maisons de pêcheurs.

Passage Choiseul, mon père achetait toujours de la dentelle chez la mère de Louis.

Au café de la Paix, nous allions tous les dimanches manger une glace en famille. C'était le quartier général de Louis, toujours en attente d'une nouvelle aventure avec une danseuse de l'Opéra tout proche.

Le père de Céline aimait dessiner des danseuses, son fils développera la même passion pour la danse.

C'est en 1912, année de ma naissance, que Louis s'est engagé pour trois ans au 12e régiment des cuirassiers à Rambouillet. Il vivra la guerre et sa vie entière s'en trouvera bouleversée…

CHAPITRE II.

DANS LE HAUT DU JARDIN.
LA DANSE ENCORE ET TOUJOURS.

La demeure de Meudon est comme ces poupées russes qui s'emboîtent les unes dans les autres. Ce qu'on voit d'emblée, c'est la ville couchée loin là-bas, derrière le fleuve. Elle précipite dans le futur, scintille dès que le jour chavire et aspire tout.

Puis on est entraîné, sur l'autre versant, au jardin, dans un silence peuplé d'arbres et de chants d'oiseaux. C'est le côté du passé.
Enfin, on découvre dans le ventre de la maison, le sauna. Il enferme dans une bulle de chaleur amniotique, il gomme et répare la vie. C'est le lieu de tous les possibles, de tous les sortilèges.

Cet après-midi, il fait beau, une ombre légère pèse sur Meudon et nous montons au jardin.
La pente est raide pour accéder aux vestiges de ce que Lucette appelle son pavillon chinois où elle donnait ses cours de danse et qui a brûlé en 1975.

Longtemps, elle a rêvé de faire construire, comme à Montmartre, un funiculaire pour grimper là-haut. Et puis elle y a renoncé.
Sur une plate-forme instable, nous posons un lit de coussins douillets et la tête vers le ciel, nous ne voyons plus que le cèdre immense rempli d'oiseaux.
Aujourd'hui nous passons une journée entière dans les arbres.

Mon plus grand regret a été de ne pas faire d'études. Personne non plus ne m'a jamais conduite au musée. Tout ce que je sais, je l'ai appris seule. J'adorais les enluminures. Chez Fra Angelico, il y a une naïveté, une pureté qui m'émeut davantage que ne peut le faire un Botticelli, plus Renaissance, trop ouvragé à mon goût. J'aimais aussi l'amour courtois, Louise Labé, toute la littérature du Moyen Age, Ronsard, Du Bellay. Je le cachais à Louis car j'avais peur de paraître ridicule.

De la même façon, je suis moins touchée par les voix métalliques, trop travaillées des chanteurs de l'Opéra que par des chants grégoriens ou des polyphonies.

Le plus souvent les gens sont creux, il n'y a que la façade, c'est vide derrière. En Bretagne, il y avait un cimetière où tout avait été détruit, seul un chemin de croix subsistait. C'était magnifique. Au Louvre c'est un Christ en croix qui m'a le plus bouleversée. L'essentiel est dans l'émotion.

Je n'ai pas fait d'études, mais j'ai ressenti dans mon existence la plus grande passion qui puisse être au monde.

C'est la danse qui m'a tenue en vie durant toutes les épreuves que j'ai eues à traverser, mon enfance si triste, la vie avec Louis si difficile, la fuite, la prison, le Danemark, Meudon où Louis déjà n'était plus de ce monde et après bien sûr, toute la vie qui a dû continuer sans lui.

J'ai connu Céline en 1936, au moment du Front populaire, et sans arrêt, on a eu peur de la mort. Des communistes menaçaient de le tuer, après ce sont des juifs qui s'y sont mis. On a vécu l'Exode, la prison, le Danemark. Ça a été de pire en pire, et à Meudon il a commencé à mourir. Tout le monde n'a pas eu cette vie-là. On a été traqués comme des rats. Sans la danse, je serais morte.

A quatorze ans, j'ai décidé de me présenter au conservatoire, je n'avais préparé aucune variation, mais j'ai été reçue en même temps au conservatoire de danse et de comédie. J'adorais faire rire mais j'ai choisi la danse. Se consacrer à la danse, c'est comme entrer au couvent. C'est renoncer à tout pour sa passion. C'est donner vingt ans de son existence. Après quand c'est fini, il ne reste plus rien. Pour ceux qui ont choisi la musique, c'est plus facile car on peut jouer d'un instrument toute sa vie. Nous, notre instrument, c'est notre corps et il vieillit. Il faut aimer la danse pour elle-même, pas pour le succès... C'est un plaisir solitaire, un bonheur pour soi, très égocentrique. Malheureusement, j'étais trop souple, trop laxe et je me suis abîmé le genou très vite. J'ai dû abandonner la danse classique.

Avant de me consacrer à la danse de caractère, j'ai fait un peu de comédie. A l'Odéon, dans *la Tempête* de Shakespeare, je jouais un feu follet. On m'avait maquillée comme une poupée, mon rimmel avait coulé, les yeux complètement collés, je ne voyais plus clair. Je devais mettre une table au milieu de la scène, je l'ai mise n'importe où et je devais disparaître quand la lumière reviendrait. Je suis, bien entendu, restée sur scène comme une gourde. Je ne sais pas pourquoi, on m'a gardée.

J'ai aussi été engagée pour interpréter Isadora Duncan. Je portais de grands voiles et devais danser sur un ponton qui donnait directement dans la mer. Si je ne suis pas tombée, c'est un miracle.

CHAPITRE III.

COURS DE DANSE.
LA MÉTHODE.

Un rectangle de verre transparent qui laisse passer le monde.
Tout en haut, l'air, le ciel et les nuages qui glissent doucement.
De chaque côté, la verdure tendre d'une végétation que le vent fait trembler.
Posé là, léger, précaire, aux pieds de la maison, c'est le studio de danse.

A quatre-vingt-cinq ans, Lucette travaille encore les mouvements aériens qui font voler les corps.
Elle conserve intactes une souplesse et une technique que le temps qui passe ne parvient pas à entamer.
Deux fois par semaine nous sommes quelques-unes à l'accompagner au son d'une musique qui nous transporte sur les plages normandes où la mer en colère gronde, les mouettes gémissent et le vent hurle.
En silence et en respirations nous accomplissons ainsi les rites païens d'une messe où chacune se ressource au plus profond d'elle-même.

Dès le début, à l'Opéra-Comique, je me préoccupais de trouver une méthode de mouvements qui, à la différence de la danse classique, n'abîme pas le corps. A l'époque déjà, c'était plus fort que moi, dès que je voyais quelqu'un, je voulais le refaçonner, le remodeler, le remettre bien dans son corps, en harmonie avec lui-même.

J'avais dessiné tous mes mouvements sur un grand cahier qui a brûlé lors du premier incendie de ma maison en 1968. Sept ans après, en 1975, ce sera le tour du pavillon de danse en haut du jardin.

Les exercices doivent être faits de l'intérieur pas de l'extérieur, la force rentrée dans le ventre, les fesses serrées, tout en souplesse et respirations. Des « huit » avec les bras et avec les jambes, dans un sens puis dans l'autre, la respiration retenue pendant l'effort puis relâchée après. Le dos plaqué au sol, comme une pieuvre. Ils s'accomplissent dans un ordre précis, leur difficulté allant en progressant.

Le premier mouvement, celui de la chenille, est le plus important. On soulève son dos et on le repose au sol vertèbre par vertèbre, très lentement en relâchant sa respiration. Quand on a compris le principe même de cet étirement de chat, après on pourra tout faire, plus ou moins rapidement bien sûr, selon ses aptitudes.

Pour mettre au point mes enchaînements, j'ai étudié toute seule le corps humain sur une planche d'anatomie où tous les muscles étaient indiqués. Louis m'expliquait ensuite à quoi ils correspondaient. Voilà pourquoi j'ai passé ma vie avec des gens accrochés à moi comme des ballons. Je les redressais, leur apprenais à respirer, à être dans leur corps. C'était épuisant. Comme pour les chiens, plus les êtres sont perdus, moches, abandonnés, plus j'ai besoin de les aider. J'aimais créer des ballets sur des musiques de Couperin ou de Rameau que j'allais chercher à la grande bibliothèque de Musique. Je créais des danses hindoues ou orientales sur des airs classiques dont on m'avait fourni la transcription. J'adorais mettre ensemble des choses qui n'avaient rien à faire les unes avec les autres, comme j'ai toujours fait aussi avec les gens, les animaux : des grands brassages bariolés.

Malheureusement mes chorégraphies ne pouvaient être interprétées que par de vrais danseurs qui connaissaient parfaitement la technique. A Montmartre, j'ai pu les faire travailler à mon idée mais j'ai dû renoncer par la suite à cause de la distance qui, à Meudon, me séparait des professionnels.

Louis s'apprêtait à écrire un livre sur la danse quand il est mort. Il souhaitait expliquer ma méthode avec ses mots à lui.

J'avais aussi une passion pour les castagnettes. J'en jouais sur du Couperin, ce qui choquait beaucoup, comme d'un vrai instrument de musique avec des harmoniques. Elles étaient complètement façonnées à ma main et je m'entraînais tous les jours comme j'aurais pu faire pour le piano, avec deux mains différentes qui se répondaient. J'avais appris toute seule à l'aide d'une méthode. Mes castagnettes faisaient partie de moi, c'était un morceau de mon corps. Elles ont brûlé en 1968 dans l'incendie de ma maison et je n'en ai jamais rejoué.

Aujourd'hui, j'aime bien Pina Bausch, elle est comme une algue dans l'eau. Comme Isadora Duncan, ce sont des femmes de caractère, mais qui ne peuvent faire école. Les élèves n'ont pas le même feu et ce qu'elles font meurt avec elles.

Noureev a été le plus grand des danseurs, c'était une mécanique extraordinaire qui possédait aussi une âme. Il faut l'avoir vu danser pour comprendre, c'était un fauve, une bête sauvage. Il cassait le trop grand classicisme, les conventions. C'était bouleversant.

CHAPITRE IV.

AU TOUT-PARIS DANS LE CIEL.
CÉLINE : LA RENCONTRE.

Tout en haut de la Samaritaine se trouve un lieu enchanté où souvent, avec Lucette, nous sommes allées prendre le thé. Perchées dans le ciel comme deux nuages, nous restions silencieuses, des heures durant, à contempler le reflet irisé de l'eau sous les ponts, les toits gris de Paris et le ciel d'ardoise.

Quand j'ai rencontré Louis, je voulais mourir, je trouvais la vie si triste. Je n'avais pas d'amis, je ne parlais pas, j'étais entièrement tournée sur moi-même et la danse.

Je prenais des cours chez Mme Blanche d'Allessandri, rue Henri-Monnier, c'est là que j'ai connu Louis, amené par Gen Paul.

Mme d'Allessandri était un professeur d'une rigueur et d'une exigence implacables. Jeune danseuse étoile, elle avait vu sa carrière s'arrêter à la suite d'une chute et d'un genou fracturé dans un théâtre à Buenos Aires. Armée d'une baguette, elle nous corrigeait à la moindre erreur dans l'exécution d'un mouvement. Pour progresser et apprendre à dominer sa souffrance, cette discipline de fer est la seule école possible.

Je me souviens qu'elle avait une habitude étrange qui m'avait frappée ; à leur mort, elle faisait empailler tous ses animaux et les mettait chez elle en décor, là où ils avaient coutume de se tenir. Je n'avais pas assez d'argent pour payer régulièrement mes leçons, alors Louis, discrètement, déposait un billet pour moi en s'en allant. Pour les jouer, ma mère me volait les premiers cachets que je touchais. De la même façon par la suite, quand j'ai commencé à voir Louis, elle me dérobait l'argent qu'il me donnait pour aller le rejoindre chez lui, rue Lepic, en taxi.

J'avais vingt-trois ans, lui quarante et un à notre première rencontre. Il me donnait rendez-vous au Luxembourg, il ne parlait pas, il cherchait ma force.

On s'asseyait à une table pour déjeuner. Là, il commandait deux bifteks, dévorait le sien en cinq minutes et me disait : « On y va. » Je n'avais pas touché à mon plat.

De la même façon quand nous allions au cinéma, il regardait les premières images du film et m'entraînait dehors. Les livres, il les ouvrait au hasard, la première page, puis une au milieu, deux, trois vers la fin. Il parcourait quelques lignes à voix haute puis refermait l'ouvrage en me disant : « Tu as compris. » C'était *l'Homme pressé* de Paul Morand.

Il avait aussi alors un côté *Gatsby*, nonchalant, habillé avec soin, décontracté, il était d'une beauté incroyable, les yeux bleus avec juste un petit rond noir à l'intérieur. On était très différents l'un de l'autre, mais on s'est tout de suite compris. Les sentiments humains, on ne peut pas les fabriquer, ils vous tiennent, on ne sait pas pourquoi. Je n'osais pas lui parler, refusais de le tutoyer, je lui écrivais des lettres. Il n'était pas question pour moi d'avoir une aventure avec lui.

Entre nous il y a eu une attraction physique très forte, après nous sommes devenus complices. J'ai attendu un mois avant de coucher avec lui. J'avais peur de m'engager et de souffrir. Louis avait une réputation de séducteur et je me méfiais. Je ne l'ai pas fait exprès, mais je n'aurais pas pu mieux agir. Il avait horreur de toutes ces filles faciles qu'il fréquentait.

Je l'ai aimé et épousé alors qu'il avait

vingt ans de plus que moi et que je n'avais pas pris conscience que je passerais plus de la moitié de mon existence sans lui.

Avant Céline, deux hommes ont compté dans ma vie. Tous les deux chanteurs, le premier ténor, le second basse. C'est à l'Opéra-Comique que je les ai connus presque au même moment. L'un avait trente-cinq ans, était américano-italien et me chantait des airs de La Nouvelle-Orléans. Quand il est reparti aux États-Unis pour divorcer et préparer notre mariage, j'ai appris qu'il était marié et je n'ai plus jamais voulu le revoir. C'est avec lui que ma mère a eu une aventure. L'autre qui me tournait autour était très riche, fils de famille dont le père, neurologue, travaillait avec Charcot. La famille était d'accord, mais je n'en ai pas voulu. Il est mort en 40, tué par les Allemands.

Il n'existe pour moi rien de plus sensuel au monde que le chant. La voix vient du ventre et exprime l'esprit en même temps. Écouter chanter m'a toujours procuré une émotion immense. C'est le corps et l'âme réunis.

De 1935 à 1940, je voyageais sans cesse car j'avais des contrats de danse à l'étranger. Cet éloignement a dû placer les choses. Louis m'envoyait des lettres dans lesquelles il m'écrivait : « C'est avec toi que je veux finir ma vie, je t'ai choisie pour recueillir mon âme après ma mort. » Je n'y comprenais absolument rien. Je ne cherchais pas le bonheur avec lui, j'aspirais simplement à le rendre moins malheureux. Il avait besoin de ma jeunesse et de ma gaieté, et moi de sa tête d'homme qui avait vécu. Voilà pourquoi on s'est emboîtés tout de suite l'un dans l'autre.

C'était un être désespéré, d'un pessimisme total, mais qui en même temps nous donnait une force incroyable. Il y avait chez lui une intensité dans la tristesse que tout le monde fuyait. Je suis restée car je n'étais pas vraiment dans le monde, j'avais tout donné à la danse.

Quand on s'est connus, Louis en même

temps qu'il a perçu ma désillusion, a vu au même moment mon côté si naïf. C'est ce contraste et ce mélange de tristesse et de candeur qui lui ont plu. Je n'ai jamais pesé sur lui, c'était ma force sans le savoir, car il ne voulait pas qu'on l'enchaîne, qu'on l'empêche de s'évader. C'est ce sentiment d'enfermement au sein de la haute bourgeoisie rennaise qui avait brisé son mariage avec Edith Follet.

C'était un sentimental, un fétichiste qui gardait tout, même la vieille casserole cassée de sa mère. J'ai mis vingt-cinq ans à le connaître. Il est plus facile à comprendre qu'à expliquer car le plus souvent il disait le contraire de ce qu'il pensait. Il ne voulait pas montrer sa tendresse, alors il agressait, même avec moi il a été horrible. A Meudon, il a eu dix ans d'agonie. Il ne supportait pas mon absence, refusait que je travaille trop, insistait pour que je mange, et il hurlait sans cesse. Personne n'a compris, mais c'est qu'il m'aimait trop.

Toute ma vie avec lui, c'est comme si

on m'avait cassé du verre dans le cœur. Il était comme une fleur dont je devais sans cesse tenir la tige droite. Je l'ai complètement maintenu.

La mère de Louis avait le même caractère que son fils, l'intelligence en moins. C'était Louis en plat. Sans cesse anxieuse et pessimiste, elle incarnait la misère digne qui se tient. Elle était une brodeuse qui ne portait jamais de dentelle. La dentelle, c'était pour les femmes du monde qui avaient de l'argent, c'était normal. Une bijoutière non plus ne portait jamais de bijoux, c'était comme ça, c'est tout. A la cliente, on ne devait que le respect car c'est elle qui nous faisait vivre. Il a fallu qu'elle meure pendant l'exil, le 6 mars 1945, qu'elle devienne un fantôme, pour que Louis qui était mystique l'accepte. Il ne s'est jamais révolté contre elle ouvertement. Avoir écrit *Mort à crédit* lui a suffi. Il lui avait, pour la ménager, interdit de lire l'ouvrage et elle ne l'avait pas lu. Plus que tout, il ne pouvait admettre qu'elle ait pu penser : « si mon fils est tué au front, eh bien tant pis ! il sera mort pour la France », qu'elle l'accepte comme une fatalité parmi d'autres, il ne pouvait le comprendre. La mort d'un homme jeune restera pour lui l'injustice suprême, l'inacceptable, et déterminera sa vocation médicale.

Je n'ai pas connu le père de Louis, il venait de mourir quand nous nous sommes connus. Il est mort en 1932. Il avait choisi une vie rangée et travaillait dans une compagnie d'assurances « le Phénix ». C'était un homme mécontent qui, comme beaucoup de gens à l'époque, rendait responsables de tous ses malheurs les juifs et les francs-maçons. Louis l'a entendu en dire du mal toute son enfance comme un arrière-fond sonore.

Le plus important pour Louis dans l'amour n'était pas l'acte sexuel, un choc biologique c'est tout. Ce qui comptait, c'était la pensée qu'on en gardait. En règle générale, il ne couchait jamais plus d'une fois avec une femme. Dans sa jeunesse, son appétit sexuel était immense et il ne pensait qu'à le satisfaire. Ensuite, il est devenu plus sélectif. Il cherchait la perfection et ne la trouvait pas. Seule une danseuse pouvait s'en approcher.

Un jour, rue Lepic, alors que je rentrais de tournée à l'improviste, j'ai trouvé une fille installée dans l'appartement. J'ai refermé la porte et je suis repartie immédiatement ; je n'avais pas atteint le rez-de-chaussée que des valises dégringolaient dans l'escalier suivies de la jeune fille en question. Je partais comme on se suicide, je ne disais rien.

Avec Louis, on ne parlait jamais, c'était comme ça c'est tout. La littérature, on n'en parlait pas, la musique non plus, on était ensemble avec elles et c'était le plus important.

Quand pendant la Seconde Guerre mondiale, il s'est engagé sur le bateau le *Shella*, j'habitais chez sa mère et, là encore, je m'apprêtais à partir sans un mot car je sentais que je gênais lorsque, par miracle, il est rentré, comme s'il l'avait senti.

CHAPITRE V.

TROIS JOURS À DIEPPE.
LA VIE QUI COMMENCE, RUE LEPIC, RUE MARSOLLIER, SAINT-GERMAIN-EN-LAYE, L'AM-BULANCE, RUE GIRARDON.

Aujourd'hui nous partons trois jours pour Dieppe. Dieppe c'est la capitale du vent, de la mer et des mouettes. C'est là aussi que nous attend Jonathan, le goéland préféré de Lucette qui vient dès l'arrivée réclamer du pain sur notre balcon, et se fâche si on l'oublie, dans un grand concert de cris de colère et de battements d'ailes. Dans l'immeuble, ancien hôtel où la reine Victoria avait coutume de descendre, où Proust et sa mère avaient aussi leurs habitudes, Lucette possède trois grandes chambres, posées l'une à côté de l'autre. Au mur, des tableaux de bateaux, ex-voto naïfs qui serrent le cœur.
Dans la chambre-sauna, dans la chambre-salle-de-bains, dans la chambre-cuisine, on ne voit que la mer immense qui s'étend à l'infini. Juché sur des lits, surélevé par des coussins, on fait toute notre vie avec elle. On dort, mange, se lave, on parle et l'on se tait. Elle pénètre partout, nous envahit de son odeur verte et liquide, de sa beauté grise faite de ciel,

de galets et de mouettes. Bientôt on n'est plus qu'une surface de peau à vif qui s'imprime de sa couleur.

J'ai habité très peu de temps rue Lepic. Au 98, Louis y avait une chambre où il passait de temps en temps. C'était une seule grande pièce, dans une cour, avec des anciennes écuries. Au mur, il avait affiché des citations d'œuvres littéraires qui lui plaisaient, surtout du Shakespeare, qu'il adorait, et dont il disait qu'il aurait donné tout ce qu'il avait fait pour être capable d'écrire un seul vers de lui. Au-dessus de son bureau aussi, une déclaration de Baudelaire en forme de manifeste qu'il désignait aux journalistes lorsqu'il ne voulait pas répondre à leurs questions :

« Ce monde a acquis une épaisseur de vulgarité qui donne au mépris de l'homme spirituel la violence d'une passion. J'ai eu l'imprudence ce matin de lire quelques feuilles publiques. Soudain, une indolence du poids de vingt atmosphères s'est abattue sur moi, et je me suis arrêté devant l'épouvantable inutilité d'expliquer quoi que ce soit à qui que ce soit. »

De la rue Lepic, on a été passer un mois

à Saint-Germain-en-Laye, dans une petite maison. Là, Louis a essayé d'ouvrir un cabinet médical et ça a été une véritable catastrophe. Je mettais des cartes dans toutes les boîtes aux lettres de Saint-Germain, sa mère en remettait aussi en mains propres en disant : « C'est pour mon fils, il est médecin. » En un mois, on a eu un seul client. C'était une maison vide qu'on avait louée et j'avais cloué aux fenêtres des rideaux qu'on ne pouvait ni ouvrir ni fermer. Un seul malade, ça a été décisif, son envie d'exercer s'est vite évanouie.

Déjà au Havre, il avait fait des remplacements pour un confrère dont il avait perdu la clientèle. Il ne pouvait pas réussir, il ne donnait de médicaments qu'indispensables, et le plus souvent se contentait de simples conseils de bon sens et d'hygiène. Il ne cherchait pas à faire sérieux. Il avait aussi fait retirer de la maison tous les meubles pour que je puisse danser.

Le Havre a vraiment été une expérience

extraordinaire, quand le confrère est revenu, il n'y avait plus rien, plus de meubles, plus de malades.

Louis s'est ensuite embarqué sur le *Shella* pour combattre les Allemands et j'ai été habiter chez sa mère, 11, rue Marsollier. Son bateau coulé, il est rentré au début du mois de janvier 1940 pour être nommé médecin-chef du dispensaire de Sartrouville.

Le 10 juin, nous avons quitté Sartrouville dans une ambulance pour gagner Saint-Jean-d'Angély, le 14 juillet. Louis soignait les blessés sur la route et, habillée en infirmière, je l'aidais comme je pouvais. Moi qui ne savais pas conduire, je dus, à plusieurs reprises, prendre le volant. Là, nous avons été confrontés au pire, mais dans le feu de l'action, on supporte tout.

Un jour s'est présenté à nous un blessé avec un couteau dans la poitrine qui se vidait de son sang tandis que je m'évanouissais. Un autre jour, c'était un homme à moitié mort qu'on avait amené pendant que je discutais devant un guichet, à l'hôpital. Dès que je l'ai aperçu, je me suis effondrée par terre.

Pendant cet exode, on a rencontré aussi beaucoup d'enfants anormaux. J'en revois surtout un, que j'appelais « petit poisson », qui n'avait pas de jambes et qui s'accrochait à moi.

Nous avons en un mois tout vu, tout vécu.

A Issoudun, des soldats français jetaient leurs armes dans les fossés et voulaient se constituer prisonniers. Le découragement était terrible.

Je regrette que Louis n'ait pas retranscrit ce moment de notre vie, c'était comme une fresque de Bruegel, de Jérôme Bosch, c'était inoubliable.

A notre retour, Gen Paul nous a trouvé un appartement au 4, rue Girardon où, à partir du mois de février 1941, on a habité sans jamais vraiment s'installer. Il y avait une grande pièce avec nos affaires et une petite où l'on couchait et d'où l'on voyait le Sacré-Cœur. C'est là qu'un jour, au début des années 1940, en pleine Occupation, j'ai vu arriver Jean-Paul Sartre qui venait demander à Louis d'intercéder en sa faveur auprès des Allemands pour qu'on joue à Paris sa pièce *les Mouches*. Louis a refusé, il lui a dit n'avoir aucun pouvoir auprès des Allemands. C'était vrai, mais Sartre ne l'a sans doute pas cru, il lui en a voulu et plus tard il l'a accusé d'avoir écrit des pamphlets à la solde des Allemands.

Rien n'était plus absurde comme idée. C'était ne pas connaître Louis, à la solde de personne, intransigeant avec tout le monde, incapable de pactiser avec qui que ce soit, toujours seul contre tous. La réponse de Céline à *l'Agité du bocal* sera cinglante et ôtera à Sartre toute envie de reparties.

La mère de Louis venait nous voir tous les jeudis. Elle avait souffert de rachitisme et en avait gardé une jambe plus courte que l'autre qui la faisait boiter. Céline travaillait, elle restait là avec moi tout l'après-midi et puis je la raccompagnais au métro Abbesses. « Bonjour maman, au revoir maman », leur conversation se limitait à ces deux phrases. Louis d'ordinaire si franc, si direct, n'a jamais pu la regarder en face, son regard la fuyait mais elle demeurait sa mère et il la respectait.

Quand nous avons quitté les lieux, en juin 1944, Céline a laissé les manuscrits de trois romans inachevés, dont la fin de *Guignol's Band*, qui n'ont jamais été retrouvés. Il savait juger les gens tout de suite, du premier coup d'œil, c'est pour ça qu'on ne voyait personne.

A cause de son enfance, il aimait l'opérette ; *Fifi* le faisait rêver. J'étais étonnée, mais je ne disais rien. Louis pensait que ce qu'on sent, on ne le dit pas. C'est vulgaire et grossier de parler de ses sentiments. Moi aussi, si j'ai été exhibitionniste de mon corps, je ne l'ai jamais été de mes pensées.

Je donnais des cours de danse à des professionnelles et je mettais au point ma méthode.

Louis voulait que je la dépose mais j'étais trop timide. Après, les Russes se la sont appropriée et, à l'Opéra, on s'en est largement inspiré. On l'enseigne encore sous le nom de « barre à terre ».

Je prenais aussi des cours de danse acrobatique avec un professeur qui s'appelait Saunier. C'était une école très dure. Le funambule n'a pas droit à l'erreur ; si un mouvement n'est pas parfait, il tombe. L'équilibre est la façon la plus juste de travailler.

Malheureusement comme pour la danse classique, ma trop grande souplesse m'a empêchée de continuer.

Ce Saunier a eu deux filles complètement fantasques qui, âgées de soixante-dix et soixante-quinze ans, l'une veuve l'autre célibataire, recevaient dans leur maison de Saint-Germain-en-Laye dans une ambiance de cauchemar. Les pièces étaient remplies de photographies de leur père et de chats empaillés, elles servaient le repas dans des cendriers minuscules, s'absentaient à la cuisine pour accueillir un soi-disant ami, s'en revenaient costumées, se faisant appeler par le nom du nouvel arrivant, avant de distribuer aux invités un masque permettant à chacun de participer à ce jeu de rôle loufoque et morbide.

C'étaient des personnages de roman dont Louis se serait sûrement emparé s'il les avait connus.

La période où nous avons vécu à Montmartre demeure une période à part. Ce que j'y ai vécu reste mon jardin secret. Louis avait des maîtresses dont il me parlait. Ça l'excitait de me raconter. Il avait besoin de ces visions, de ces fantasmes sexuels pour créer. C'est seulement quand l'ébullition dans sa tête était au plus fort qu'il se mettait à écrire. Il était comme en transe et, peu à peu, par le travail de l'écriture, il retrouvait son calme.

J'ai toujours refusé de faire des partouses pour lui, j'écoutais ses confidences, mais je n'engageais pas mon corps. Il a toujours aimé les femmes un peu lesbiennes qui s'offraient en spectacle et qu'il pouvait regarder pour nourrir son imaginaire. Je ne participais pas à ces jeux mais pour Louis, l'idée y était.

Dans une lettre datée du 28 février 1948 à Milton Hindus, universitaire américain avec lequel il a un moment correspondu, il s'en est clairement expliqué : « J'ai toujours aimé que les femmes soient belles et lesbiennes — Bien appréciables à regarder et ne me fatiguant point de leurs appels sexuels ! Qu'elles se régalent, se branlent, se dévorent — moi voyeur — cela me chaut ! et parfaitement ! et depuis toujours ! Voyeur certes et enthousiaste consommateur un petit peu mais bien discret !... »

Quand la sexualité est là, qu'elle s'exprime pour un homme ou pour une femme, pour moi c'est la même chose. Je dois aussi avoir un côté qui attire les femmes car j'ai souvent eu des sollicitations homosexuelles.

Quand Louis a voulu m'épouser, j'ai eu très peur. Ce jour-là, le 23 février 1943, à la mairie du XVIIIe, seuls Gen Paul et sa femme Gaby, nos témoins, étaient présents.

Après la cérémonie, Céline est remonté se mettre au travail immédiatement. Il n'a même pas offert un verre à ses amis. Gen Paul en a été furieux. Je pensais qu'il allait me quitter deux mois après, mais je ne lui posais aucune question, je ne m'installais pas, je ne disais rien et puis j'avais ma danse. Personne ne pouvait le saisir, c'était un esprit, il était comme de l'eau.

A Montmartre, ce n'était pas le bonheur, c'étaient des coups de joie. Le quartier de l'époque était un vrai village, on sifflait pour s'appeler, je circulais à vélo car il n'y avait pas de voitures. On nous avait coupé le téléphone et j'allais appeler au Moulin de la Galette, tenu par une ancienne et pittoresque prostituée qui nous disait : « je vous laisse », comme si nous avions été des clients.

Louis connaissait bien Jo Varenne, le propriétaire du Balajo qui faisait partie de la pègre. Des « gagneuses » travaillaient pour lui et lui rapportaient une fortune, mais il était désespéré car, disait-il, « avec mon argent, je peux tout me payer, sauf le bac ». C'est lui qui nous a annoncé un jour : « Il y a chez moi une gamine étonnante, elle vend des fleurs et elle chante. » C'était Edith Piaf. Elle était minuscule et tellement impressionnante. De toutes ses forces, elle chantait debout sur une table, semblable à un moineau qui ouvre un bec immense.

En même temps c'était l'Occupation, le marché noir. On pouvait acheter tout le monde avec un bout de pain ou des gâteaux.

Je savais que Louis aimait être là quand

je donnais mes cours : regarder mes élèves lui donnait une énergie nouvelle, comme une transfusion de vie. La jeunesse l'absorbait tout entier. A Meudon aussi, il rêvait en regardant les danseuses; il entrait en contemplation infinie comme il pouvait le faire avec l'eau, les bateaux.

Gen Paul aussi était présent, il croquait mes élèves, c'était son métier. Les scènes de *Féerie* sont transposées, mais tout le monde veut qu'il y ait eu des partouses. Quand à la fin du livre Louis décrit une scène avec Gen Paul et moi, j'ai tout de suite pensé à mon père lisant le passage.

Louis aimait chez Gen Paul son côté authentique, le vrai argot qu'il parlait. Il était bluffé aussi par sa facilité à créer. Je n'ai jamais couché avec lui et il m'en a toujours voulu. Il m'appelait «la pipe» à cause de mon long cou et me disait : «tu ne voudras jamais coucher avec moi pour ça» et il me montrait sa jambe de bois.

Louis faisait semblant d'ignorer que

Gen Paul, qui m'avait remarquée le premier, me désirait.

Henri Mahé aussi habitait le quartier. Il était plus décorateur que peintre et aussi faux que Gen Paul était authentique. Comme on n'avait pas le téléphone, Louis lui faisait parvenir des petits mots griffonnés pour lui fixer rendez-vous dans des cafés. Il s'en est servi par la suite pour écrire ce qu'il a voulu sur Céline. Tous ces souvenirs sont pénibles à évoquer.

Le Vigan aussi me pourchassait. Il m'offrait du café, frappait à ma porte en disant : « Toc, toc, toc, c'est le chat Bébert. »

Céline avait coutume de dire : « Entre un acteur qui joue Napoléon et Napoléon, un seul est Napoléon. » C'était exact, mais Le Vigan se prenait vraiment pour Napoléon, il était Napoléon. Lui qui était si maigre, il ne pensait qu'à manger : c'est pour qu'il trouve à se nourrir qu'on a gagné Sigmaringen. Il dévorait même la pâtée de Bébert. Bébert a d'abord été son chat et ils se disputaient horriblement. La Vigue lui parlait comme à un homme et Bébert crachait pour lui répondre. Cet énorme chat tigré est mort à vingt ans à Meudon, décharné. Il avait refusé qu'on le laisse chez l'épicier à Sigmaringen. Il préférait mourir de faim avec nous.

C'étaient tous des personnages avec leurs vices et leurs qualités que l'Occupation révélait. Louis avait besoin d'eux pour ses romans. Il les aimait tels qu'ils étaient avec tous leurs défauts. Gen Paul me faisait voir des portraits qu'il faisait de moi et il les déchirait. Le Vigan était réellement fou et il me disait : « Lucette, tu te moques de la vie d'un homme. »

Marcel Aymé aussi habitait là. Il avait une maladie des nerfs qui l'empêchait de soulever les paupières. Je l'appelais « la tortue ». Comme Dubuffet, il était très conventionnel et ne parlait que quand il était en confiance. Il est mort six ans après Louis.

C'était l'Occupation et il fallait vivre.

On ne pouvait pas refuser les Allemands dans un théâtre.

C'était, dans une ambiance de délation continue, exactement comme dans le film de Truffaut *le Dernier Métro*. Si les Allemands avaient tenu compte de toutes les dénonciations, ils auraient fusillé la moitié de Paris. Le marché noir était partout. A Montmartre, on connaissait même quelqu'un qui vendait des trains.

Gen Paul a trahi Louis en racontant qu'il avait dénoncé des centaines de juifs.

Seul Marcel Aymé a été fidèle jusqu'au bout. Désintéressé, il a même refusé la Légion d'honneur.

Un jour, un camion français a fait exprès de se mettre en travers de la route pour tuer un Allemand sur un side-car. Certains ont applaudi, c'était lamentable. Les gens ont l'air normaux et à l'occasion de circonstances particulières, ils deviennent fous.

Je me méfie des sentiments d'amour véritables qui se disent trop. Les mots abîment. Les animaux ressentent les choses mieux que nous. Peut-être mieux qu'un chien, un chat nous ensorcelle : en silence, il pénètre au cœur de nous-même ; il est mystique, profond, plein de secrets.

Mes animaux ont toujours su quand ils allaient mourir. La nuit, ils venaient se mettre à mes côtés ou me donner la patte et le matin, ils étaient morts.

Ma définition de l'amour est très évangélique : donner à l'autre ce qu'il veut même si ça ne nous fait pas de bien.

Quand j'ai connu Louis, il venait de vivre la seule histoire importante de sa vie : Elisabeth. Quand il est reparti aux États-Unis pour la chercher, j'aurais accepté de vivre à trois, s'il avait pu la ramener. Elle est restée un idéal car il ne l'a pas vue vieillir, et après il l'a entièrement recréée. Elle le fascinait à ne pas vouloir de lui. Elle couchait avec tous ses amis, n'avait ni morale ni compassion. C'était une Américaine, très soucieuse d'hygiène, qui détestait la vie des pauvres gens que Céline soignait dans les dispensaires.

Dernièrement, un professeur a été à sa recherche aux États-Unis pour la faire témoigner, elle, la dédicataire du *Voyage*. C'était peu de temps avant sa mort, elle ne se souvenait de rien. Elle n'avait pas suivi la carrière de Céline, n'était pas au courant de sa célébrité et le passé était si loin. «Clichy, ah oui, le petit Destouches», a-t-elle fini par dire.

Il n'y avait rien à ajouter, tout était dit sur la magie de l'écriture, la transposition, le décalage entre deux vies. Ils ont quand même réussi à lui arracher quelques souvenirs insignifiants pour faire un livre.

En 1942, interdits de séjour par les Allemands dans un Saint-Malo où nous résidions habituellement l'été, nous sommes partis nous réfugier à Quimper, dans l'hôpital psychiatrique que dirigeait le docteur Mondain. Il était lui-même à moitié fou. Amateur de peinture, il partait représenter la nature en pleine nuit avec ses couleurs et son chevalet. Il rentrait au matin, ravi, porteur d'un tableau entièrement noir. Sa femme voulait régulièrement se précipiter par la fenêtre, et il employait ses malades à servir à table. L'un d'eux qui avait découpé sa femme en morceaux était devenu coupeur en cuisine. C'était une ambiance hallucinante, cocasse et en même temps inquiétante.

Pendant ce temps-là, à Montmartre, l'atmosphère devenait irrespirable. Nous recevions régulièrement des cercueils par la poste. Louis était inconscient. Il ne se rendait compte de rien. Il avait déjà été surpris d'apprendre l'interdiction des *Beaux Draps* en 41. Il ne voulait pas comprendre non plus quand je lui disais : « tu te mets un pavé sur la tête », lors de la rédaction de *Bagatelles* à Saint-Malo. Jusqu'au bout, il maintiendra qu'il avait écrit les pamphlets dans un but pacifique, un point c'est tout. Il était sincère.

Longtemps après, j'ai fait un rapprochement entre la blessure reçue à la guerre de 14 qui avait rendu Louis complètement sourd de l'oreille droite, lui occasionnant des bourdonnements d'oreille incessants, « un train qui passe sans arrêt », et le caractère hallucinatoire des pamphlets.

CHAPITRE VI.

À DIEPPE ENCORE.
LA FUITE EN ALLEMAGNE, SIGMARINGEN.

A Dieppe, Lucette aime se promener avec sa chienne Roxane, le long de la mer sur les galets qui se confondent avec l'eau, marcher jusqu'au phare quand la nuit est tombée et que la ville est morte.
On aime, toutes les deux, se baigner en plein hiver dans une eau glacée qui fait mal, nager dans des vagues longues qui coulent et écorchent, puis remonter aussitôt s'assoupir dans la chaleur du sauna.
On aime le matin, quand un petit soleil doux s'allume sur la mer, prendre un café face au grand large.

J'ai fini par décider Céline à quitter Paris, et Louis et moi sommes partis à la mi-juin 1944.

Longtemps auparavant quand nous habitions encore chez sa mère rue Marsollier, j'avais fait un rêve qui me semblait prémonitoire : nous étions au Moulin de la Galette et, en haut d'une allée, il y avait des hommes que des soldats étaient en train d'exécuter à la mitraillette. Le dernier de la rangée était Louis et quand son tour est arrivé, il avait disparu.

Il pensait s'absenter quelques mois à peine et nous avons tout laissé en attente. Il avait confié les clés au concierge. Nous voulions nous rendre au Danemark où résidait Karen, une amie de Louis chez qui il avait caché des lingots d'or. Arrivés à Baden-Baden, nous avons retrouvé Le Vigan avec qui nous avons gagné Berlin. Là, nous avons compris que nous ne pourrions jamais rejoindre le Danemark. L'Allemagne était en feu, tout le monde s'agitant comme des rats dans un gruyère à la recherche du moindre trou pour sortir.

A Berlin, nous rampions sous terre avec Bébert. Il n'y avait plus une seule maison debout. C'était une ambiance de fin du monde et de feux follets. On voyait des sentinelles partout et on crevait de faim.

Un jour des Allemands se sont mis à chanter et à boire, ils fêtaient l'assassinat de Hitler. Le lendemain, ils étaient fusillés.

Nous avons été nous réfugier à New Ruppin, près de Krantzlin. C'est ce que Louis raconte dans *Nord*. Malheureusement, il n'avait pas pris la précaution de changer l'identité réelle des personnages, ce qui m'a valu, après sa mort, un long procès qui s'est terminé par une transaction lorsque nous avons accepté de modifier les noms.

Au mois d'octobre, avec Le Vigan et Bébert, Louis et moi, nous sommes arrivés à Sigmaringen. C'était la dernière chose à faire et on l'a faite. C'était le seul trou possible pour sortir de l'Allemagne, c'est tout. C'est faux, nous ne sommes pas partis avec la milice. Quand on a le nez dans l'histoire, on ne voit rien. Tout est reconstruit et c'est l'histoire des vainqueurs qu'on raconte.

Du mois d'octobre au mois de mars 1945, nous sommes restés à Sigmaringen, au pied d'un château d'opérette d'où tous sont sortis pour être fusillés — Laval, Brinon, Luchaire. Pétain, lui, a été gracié, mais il est mort enfermé, ce qui est peut-être pire.

Nous avons vécu là une vie hallucinatoire, dans une sorte de cauchemar éveillé, au milieu d'un monde qui s'était trompé et qui allait être englouti.

Louis était médecin, il soignait. Moi, je dansais. Je m'étais aménagé un endroit dans une des immenses salles à miroir du bas et je m'entraînais tous les jours. Je marchais aussi beaucoup et rencontrais parfois Pétain qui me faisait un petit signe de la main, et venait même caresser

Bébert. Son médecin personnel voulait s'enfuir en Suisse et il m'avait demandé de lui promettre que Louis le soignerait après son départ. Je n'ai rien pu affirmer.

Avec le docteur Jacquat, Céline était l'unique médecin pour 1142 condamnés à mort et j'étais seule à lui servir d'infirmière, dans un cabinet de fortune installé dans l'hôtel où nous logions.

L'ambiance était désolée.

Début mars 1945, nous avons enfin obtenu un laissez-passer et nous nous sommes mis en route pour le Danemark, sans Le Vigan mais avec le chat Bébert qui n'avait pas voulu nous quitter et s'était échappé de chez l'épicier à qui nous l'avions confié.

Pour Louis, le Danemark, c'était un souvenir ancien.

Il y avait la mer du Nord et l'impression de vivre là-bas dans les bateaux.

C'était un songe, un mirage.

Le voyage pour y parvenir a été une

hallucination, un cauchemar dans la guerre et le feu.

Nous embarquions sur des bouts de train qui semblaient vouloir nous conduire ailleurs et qui, soudain, stoppaient pour repartir on ne savait où et peut-être nulle part.

Les locomotives marchaient au charbon de bois et dans la nuit nous avancions, tels des trains fantômes, en lançant des étincelles.

Souvent un bombardement nous forçait à l'arrêt brutal et nous nous retrouvions en rase campagne, contraints de ramper vers des ponts où nous nous affalions pour dormir un peu avant de nous embarquer dans un nouveau wagon qui venait à passer.

Ainsi, hagards et par petits bouts, nous avons traversé une Allemagne en ruine.

Plus une seule maison n'était encore debout. Parfois on en avait l'impression, mais c'était juste la façade qui subsistait : derrière, il n'y avait rien.

Dans les trains, les Allemands avec nous chantaient comme dans un opéra funèbre.

On était entouré de flammes et de cendres.

Bébert a vécu avec nous ce morceau d'histoire, totalement immobile dans sa gibecière, ne réclamant ni à manger ni à boire, comme absent à lui-même et en prise directe avec l'atrocité du monde.

Et puis, un jour, on a croisé un convoi de la Croix-Rouge qui ramenait des Suédois chez eux. Avec Bébert, je suis tombée sur la voie ferrée, le train s'est alors arrêté, on a bien voulu nous prendre à bord et on nous a conduits jusqu'à Copenhague.

Notre première impression a été d'arriver dans un pays de cocagne, gorgé de victuailles. La ville croulait sous les œufs, le beurre, le lait, les fromages.

J'ai commencé à rire nerveusement ; je ne pouvais plus m'arrêter.

CHAPITRE VII.

EN BATEAU POUR NEWHAVEN.
AU DANEMARK LA PRISON

A Lucette et à moi nous est souvent venue l'envie de voyager.
Et si nous allions en Angleterre ? C'est doux et acide à la fois l'Angleterre. Dieppe-Newhaven, tous les jours un bateau part et revient.
Le lendemain nous sommes sur le quai. Il pleut. « C'est envoûtant de mélancolie », me dit Lucette.
Les vagues en colère n'en finissent pas d'éclater et un animateur à l'entrain si triste nous annonce un spectacle international : « Cabaret. »
C'est tellement raté que ça en devient extraordinaire. Personne ne regarde, les gens semblent morts.
Quelques heures plus tard, nous regagnons la terre et courons nous réfugier dans un pub. Là, nous baignons dans la fumée et la langue anglaise. Nous infusons comme du thé.
A la nuit tombée, nous rentrons à Dieppe, en silence et toutes poisseuses

d'une vision de fin du monde que nous garderons en nous pour toujours, comme une caresse noire et froide.

Louis et moi sommes arrivés à Copenhague le 27 mars 1945. Le Danemark est le pays le plus triste au monde et habité par des cochons hypocrites.

Mon rêve était l'Espagne. Je portais en moi, sans y être jamais allée, sa culture, ses danses et ses castagnettes, sa beauté. Je n'irai jamais et aujourd'hui encore je le regrette.

Nous nous sommes installés chez l'amie de Louis, la danseuse Karen Marie Jensen, dans un petit appartement sous les toits qui donnait sur les canaux.

Là, Louis s'est remis à écrire et moi à danser. Je donnais des cours à la nièce de Goering qui était mariée avec le fils d'un rabbin.

Nous avions adopté une nouvelle identité, Louis Courtial et Lucie Jensen.

Un soir du 17 décembre 1945, des policiers en civil sont venus nous arrêter. J'ai raconté maintes fois comment, affolés, nous avons tenté de fuir par les toits avec Bébert. Nous pensions que des communistes étaient venus pour nous assassiner, Louis avait même un pistolet pour se défendre et du cyanure pour se tuer. Après avoir trouvé les canules et les poires à lavement que Céline utilisait pour soigner ses amibes, la police, soupçonnant une affaire d'avortement, nous a emmenés en prison. Étrangère, j'ai été prise pour une espionne et gardée dix jours dans la même cellule qu'une criminelle qui avait tué son mari et caché son argent.

Quotidiennement, on me faisait des piqûres pour soigner une éventuelle tuberculose. J'ai tout de suite cru que Louis était mort. Ce n'est que plus tard que je l'ai su vivant, grâce à une infirmière qui parlait français et travaillait en même temps chez les hommes. Je me souviens que le fiancé de cette femme était parti en Russie pour combattre le communisme, dans la division Charlemagne. Il avait été tué avec les autres, enfermé dans un sac à pommes de terre, debout jusqu'à ce qu'il tombe et se fracasse le crâne.

Le 28 décembre, j'étais libérée, mais il m'a fallu attendre six mois pour pouvoir correspondre avec Louis. Entre-temps, j'ai fait trois tentatives de suicide. Je ne l'ai jamais dit à Céline, mais j'étais seule, absolument seule dans un pays étranger dont je ne comprenais pas la langue. Louis m'avait interdit de prononcer un seul mot en danois, ne serait-ce que pain, *broad*. Son amour du français ne supportait aucun compromis.

Trois fois j'ai voulu mourir, trois fois j'ai pris des comprimés en trop grosse quantité, trois fois j'ai échoué.

Au tout début, nous communiquions clandestinement par des petits mots griffonnés sur des feuilles de papier cabinet. Après, nous avons pu nous écrire par l'intermédiaire de l'avocat de Louis, Mikkelssen.

Quand je relis ces lettres aujourd'hui, elles me semblent très loin de la réalité. C'était atroce et normal à la fois. Je ne mangeais plus, je m'évanouissais sans cesse, je crachais du sang.

Quand j'allais voir Louis, j'amenais toujours Bébert et sa petite bouille-papillon, caché dans un sac. Il ne bougeait pas et puis juste au dernier moment, il tendait une patte.

Bébert nous a sauvé la vie. C'était comme si nous vivions la descente aux Enfers de Dante.

Dans ma chambre, dans la soupente, toute seule je me serais laissée mourir. Je n'aurais pas, réalimentant sans cesse mon poêle à bois, mis tout en route pour faire de la chaleur si je n'avais pas voulu que mon chat vive. Il nous faisait un petit foyer, un cœur qui bat.

Je sais que, pour certains, c'est étonnant que Céline mette Bébert sur le même plan que moi.

Ça ne pouvait pas être autrement, il était un personnage à part entière.

En prison, ils torturaient Louis moralement : la torture par l'espérance. Plusieurs fois on lui avait fait croire qu'il était libéré. On l'habillait, le mettait dans une fourgonnette et au dernier moment, on le ramenait en prison : c'était inhumain.

On lui disait aussi : « C'est aujourd'hui que tu vas être fusillé. »

Il a souffert le martyre. Il avait tous les matins, à cause de ses amibes, besoin de lavements chauds qu'il ne pouvait prendre. Il a perdu vingt kilos et, à plusieurs reprises, a dû être admis à l'hôpital de la prison. J'allais le voir en salle commune. Quand un patient mourait derrière son paravent, il agitait une petite sonnette pour qu'on vienne emporter le mort. Il guettait le souffle.

Je lui tricotais des chaussettes et des gants en cachette car, bien sûr, jamais Louis ne l'aurait accepté. Il a toujours refusé que je fasse la cuisine ou le ménage. A Meudon, on mangeait les ragoûts infects qu'il confectionnait. Quant au ménage, à Marcel Aymé qui lui disait, il faut bien que quelqu'un le fasse, il répondait : « Oui, ta femme, pas la mienne. »

C'est au moment de Noël que notre vie a basculé. Chaque année depuis, je revis à la même période cette atrocité. A Noël, chaque année je suis malade.

Céline est resté en prison du 17 décembre 46 au 24 juin 47. A la fin, tout traînait tellement que j'ai été voir le ministre de la Justice qui a consulté son dossier et vu que le seul motif d'inculpation était l'ouvrage *les Beaux Draps*, écrit en 39 et paru en 40. Il a passé la nuit à le lire, le lendemain il téléphonait : « Il n'y a rien dans le dossier. » Et une heure après, une limousine était devant ma porte avec Louis dedans.

Pour l'accueillir j'avais acheté un magnifique magnolia avec de très belles fleurs blanches.

Quand il est arrivé, toutes les fleurs étaient tombées, il ne restait plus que le bois.

Quand on a fait de la prison, on est à jamais séparé des autres, c'est comme si on était devenu un fantôme.

En deux ans ce n'était plus le même homme, il était devenu vieux. Il marchait avec une canne, avait tous les jours des malaises en plus de ses crises habituelles de paludisme.

La première guerre en avait fait la moitié d'un homme, plus qu'une oreille, un seul bras et une tête en ébullition. La prison l'a achevé. Elle a fait de lui un mort vivant. A Meudon, pendant les dix ans qui ont précédé sa mort, il n'était déjà plus là.

A partir d'un certain seuil de souffrance, le flan des mots tombe, il n'y a plus rien à dire.

De la même façon, les vrais pauvres ne se plaignent jamais, ne demandent rien, ils se cachent.

A Bezons, Louis connaissait un bibliothécaire qui refusait de se déshabiller pour être examiné. Son pantalon tenait avec des ficelles, sa chemise n'avait pas de col, il vivait dans un état d'extrême dénuement. Pour l'aider Louis lui a fait écrire un livre sur Bezons dont il a rédigé la préface.

Avec la médecine, Céline se sentait au cœur des choses, au centre de la vie, dans l'essentiel.

Face à un enfant qui meurt, plus rien n'a d'importance, la littérature comme le reste.

Tout paraît dérisoire.

CHAPITRE VIII.

À DIEPPE LE MAILLOT IMPROVISÉ.
L'EXIL À KORSÖR.

Dieppe en plein mois de juillet, pour la première fois.
Partout la foule et les odeurs de frites et de barbe à papa.
« La foire à Neuneu » dit Lucette.
Nous sortons, nous voulons marcher.
Elle part sans son maillot de bain. Il y a trop de monde sur la plage.
Et puis soudain, l'envie de nager qui la prend, insupportable.
Elle dit : « Va dans l'eau, ne t'occupe pas de moi. »
L'espace d'un instant et je la vois qui arrive.
Avec deux écharpes, elle a improvisé un costume de bain : l'une nouée en soutien-gorge, l'autre en slip.
Tout le monde regarde, médusé.
Le désir de la mer est plus fort que tout.

A notre arrivée au Danemark nous étions logés chez Karen, mais, après l'arrestation de Louis, elle m'a vite mise dehors. Bébert avait saccagé son appartement en faisant ses griffes sur tous les fauteuils, arrachant les rideaux et les tentures, cassant même des bibelots en porcelaine.

Je me souviens que Louis me disait : « Laisse, ça n'a pas d'importance. »

Mais Karen est rentrée et j'ai dû lui restituer son logement.

J'ai alors fait un échange avec un gardien de prison dont j'ai occupé le studio et qui est allé vivre chez ma mère à Menton.

Quand Céline est sorti de prison, il est venu me retrouver dans ce petit studio qui donnait sur un parc.

C'était très mal isolé, l'hiver on y gelait mais l'été, quand Louis est arrivé, la chaleur nous étouffait. Nous sommes restés là tout l'hiver 47-48 et puis nous avons encore dû rendre la place, ma mère s'étant disputée avec ses locataires.

C'est alors que l'avocat de Céline, Mikkelssen, nous a proposé au mois de mai de nous loger ; d'abord chez lui près du port de Korsör, puis dans une petite maison d'hôtes juste à côté et enfin, au mois de juillet et pour trois ans, dans une cabane au bord de la Baltique, sans eau courante et ne disposant que d'un réchaud et d'un poêle à tourbe.

Au Danemark nous avons dû déménager sans cesse, préparer nos paquets et nous installer ailleurs, un peu à la manière de domestiques. Tous les jours, je m'entraînais physiquement, faisais de la corde à sauter et me baignais dans la Baltique, mer grise, sans marée et sans sel, que Louis a tout de suite détestée. Le matin il cassait la glace pour que je puisse m'immerger, puis il me mettait des bouillottes d'eau chaude sur les pieds.

Il écrivait sans cesse pour garder un contact avec son pays. Vivre loin de la France lui était insupportable et écouter parler français à la radio le faisait pleurer.

Il correspondait avec Gen Paul, Le Vigan, l'actrice Marie Bell, et tous lui envoyaient un parfum de Paris différent qui l'aidait à vivre.

Il travaillait aussi sans relâche à sa défense auprès de ses avocats français, écrivant et réécrivant une plaidoirie qui ne changeait jamais et qui le maintenait dans un état douloureux de victime incomprise.

Il s'occupait également de relancer la publication de ses livres.

En automne 1947, Louis avait fait la rencontre de François Löchen, pasteur de l'Église réformée de Copenhague. Tous les deux avaient exercé leur métier dans la même banlieue parisienne, Sartrouville, Bezons. Ils avaient fréquenté les mêmes lieux, connu les mêmes personnes.

C'est le pasteur Löchen qui apprendra à Louis la mort d'une de ses anciennes infirmières qu'il avait assistée à ses derniers moments. Ce passé commun les liait par-delà les mots. Céline allait le voir le dimanche à la fin du culte, et nous nous recevions quelquefois en couples.

Par la suite, le pasteur et Louis échangeront une correspondance intime où les préoccupations mystiques de Céline transparaîtront.

François Löchen est toujours vivant aujourd'hui. Il habite Metz dans une maison de retraite. Récemment, j'ai eu l'occasion d'aller le voir mais je n'en ai pas eu le courage. J'ai pensé qu'il devait être sinistre de retrouver un vieillard quand on a quitté un homme jeune.

C'est au début de notre séjour à Körsor que nous avons reçu la visite de l'universitaire américain Milton Hindus qui ne comprit rien à la personnalité de Céline et s'enfuit, choqué par la grossièreté de Louis qui n'avait cessé de le provoquer.

Par correspondance leur entente avait été bonne. C'est à lui que Céline a le mieux expliqué sa technique littéraire, ce qu'il cherchait à faire, son idée sur la vie et sur les femmes. Mais c'étaient des hommes trop profondément différents, et dès que je l'ai vu arriver sur sa petite bicyclette, mécontent de ne pas avoir l'eau chaude dans la chambre que nous lui avions réservée, soucieux avant tout de son confort, j'ai compris que ça ne pourrait pas marcher, que nous courions à la catastrophe. Il aurait dû repartir tout de suite. Louis s'est montré odieux et moi, comme d'habitude, j'ai essayé d'arrondir les angles, d'arranger les choses. C'était inutile. C'était pire.

C'est aussi à cette époque, en 1949, que nous avons adopté la chienne Bessy, berger allemand sauvage, que Louis a entièrement apprivoisée en la tenant attachée à lui, jour et nuit, pour qu'elle ne dévore pas Bébert.

Au mois de mai 1950, j'ai dû me faire opérer d'urgence d'un fibrome. L'opération fut atroce. Levée trop tôt, je me suis fait une éventration, recousue sans anesthésie, la plaie à vif et remplie de pus.

De retour à Korsör à la mi-juillet avec Louis, j'ai, à l'aide de mes mouvements, refait progressivement toute ma musculature.

Au printemps 1951, grâce à son avocat Tixier-Vignancour qui s'était arrangé pour qu'au moment du jugement on ne fasse pas le rapprochement entre Destouches et Céline l'écrivain, nous avons pu bénéficier de la loi d'amnistie et penser à regagner la France.

CHAPITRE IX.

HUIT JOURS À MENTON.
LE RETOUR AU PAYS, MENTON, NEUILLY, MEUDON ENFIN.

Menton, ses palmiers, son jardin exotique, sa mer transparente, sa dolce vita.
La Côte d'Azur la prend comme une fièvre, l'angoisse du soleil aussi qui attire et fait mal à la fois.
En avion, nous partons pour une semaine. Comme à Dieppe, Lucette possède dans le plus bel immeuble de la ville deux chambres qui dominent la mer.
Là aussi tout est tourné vers l'eau.
Deux lits surélevés sont juste en face de la Méditerranée. On ne voit qu'elle, rien d'autre.
Le matin nous regardons, éblouies, le soleil qui se lève ; le soir, nous le voyons disparaître derrière la mer en éclaboussure de feu zébrée d'orange et de sang.
Ainsi, deux fois par jour, le cœur serré, nous assistons à la naissance et à la mort du monde.

Louis et moi sommes arrivés à Nice le 1er juillet 1951, accueillis à l'aéroport par ma mère et mon beau-père Pirazzolli surnommés par Céline «Tirelire» et «Couscous». Louis prenait l'avion pour la première fois et le voyage l'avait enchanté. Dans la soute avec nous, huit chiens et chats. Bébert et Bessy sont, bien sûr, restés à nos côtés, mais la plupart des autres animaux, sauvages et traumatisés par le voyage, se sont à l'arrivée égaillés dans la nature. La chatte Thomine, disparue, est revenue six mois après chez ma mère qui nous l'a renvoyée à Meudon.

Malheureusement, dès l'arrivée sur la Côte d'Azur, tout est devenu épouvantable. Ma mère et Louis n'ont jamais pu s'entendre, et ni l'un ni l'autre ne voulaient faire de concessions. Une seule fois, Louis a cédé, je ne sais pas pourquoi. Ma mère avait fait des dettes à mon nom et, ce qui est étrange, c'est que Céline, d'habitude si prudent et si peu prodigue de son argent, les avait payées.

Pour fêter notre retour, ma mère avait organisé une petite réception mondaine dans l'appartement de Menton. Louis est immédiatement allé s'enfermer dans sa chambre et n'a plus voulu en sortir. Il souffrait de la présence de ma mère, de la chaleur, de maux physiques, de digestion impossible.

Nous pensions rester plusieurs mois sur la Côte d'Azur et, dès la fin du mois de juillet, nous nous sommes enfuis pour nous réfugier à Neuilly chez un couple de riches industriels, les Marteau, qui nous avaient invités. La maîtresse de Gaston Gallimard, l'actrice Valentine Tessier, allait quitter ce dernier pour Marteau, ce qui donna lieu à des scènes rocambolesques.

Là encore ce fut impossible. La vie de château ne pouvait nous convenir.

Les animaux ont tout de suite commencé à faire des dégâts dans l'appartement, et tous les jours je manquais de casser un lustre en cristal en m'entraînant à la corde à sauter juste au-dessus, tandis que Louis me chronométrait.

Céline ne voulait voir personne et restait enfermé toute la journée.

A la mi-août, nous nous sommes mis en quête d'une maison que nous avons trouvée à Meudon, au 25 *ter*, route des Gardes.

C'est grâce à la vente de deux fermes que je possédais en Normandie que nous avons pu l'acheter et nous y installer en octobre 1951.

A ce moment-là, Louis a fait modifier notre contrat de mariage et nous sommes passés du régime de communauté à celui de la séparation de biens. Il souhaitait me mettre à l'abri et faire de moi la seule propriétaire de la maison. Il savait qu'à sa mort, sa fille voudrait m'expulser, ce qu'elle a effectivement tenté de faire.

Céline disait : « Tu peux me mettre à la porte quand tu veux. » C'était un risque qu'il prenait, car si je disparaissais avant lui, c'est ma mère à moi qui l'aurait certainement chassé.

Les premières semaines de notre installation, les Marteau nous faisaient apporter des tartes le dimanche matin par leur chauffeur. Louis renvoyait les tartes, alors il n'y eut bientôt plus de tartes.

Jamais Louis n'a fait la moindre concession à la richesse, la moindre concession à rien.

Je me souviens qu'en 1941, un ami à lui qui était médecin voulait le faire devenir franc-maçon. Il a dit : « Non, mais je veux bien voir. » Nous sommes allés tous les deux à une réunion en sous-sol, près de l'église Saint-Germain-des-Prés. Il y avait une grande table où tout le monde était rassemblé, comme pour la Cène du Christ. Longtemps après j'ai pensé que s'il avait accepté, il aurait été défendu, mais il ne pouvait qu'être seul, toujours.

A Meudon, j'ai tout de suite ouvert un cours de danse classique et de caractère dans la maison même.

Je voulais continuer à transmettre ma méthode et, très vite, par le bouche-à-oreille, les élèves commencèrent à venir.

Roger Nimier, le premier, m'envoya des clients, telle la femme du directeur du *Figaro* de l'époque, vite suivis par des actrices, des écrivains, des femmes d'écrivains, Françoise Christophe, Judith Magre et sa sœur, la fille de Marcel Aymé, la femme de Raymond Queneau, Françoise Fabian qui était très belle mais voulait faire des danses espagnoles sans apprendre, Christine Arnothy, Simone Gallimard. Et tant d'autres qui sont passés et que j'ai oubliés. Le valet de chambre de Maurice Druon qui nous fit bien rire un jour en nous révélant que son maître dormait avec un bonnet de nuit.

Albert Camus aussi était souvent là. Il avait une aventure avec une de mes élèves, la sœur de l'actrice Judith Magre que nous appelions Chiffon. Un jour j'ai voulu le présenter à Céline. Il m'a dit : « C'est inutile, je sais ce qu'il pense de moi. » Il avait raison.

Mon cours était un vrai théâtre, avec des cachettes secrètes, des placards où les maîtresses qui ne devaient pas être vues des femmes se cachaient, des histoires d'amour qui se nouaient et se dénouaient, des disputes, des rivalités. J'avais dû séparer le cours des femmes de celui des hommes car tout devenait trop compliqué. Celles qui n'avaient pas de mari cherchaient à prendre ceux de celles qui en avaient, il y avait des pleurs, des crises de nerfs, des tentatives de suicide.

Nous vivions un vaudeville permanent, dans un microcosme où toutes les passions se sont exacerbées dès l'ouverture du cours, du vivant de Céline, et jusqu'à sa fermeture, longtemps après sa mort.

Louis s'était inscrit à l'ordre des médecins de Seine-et-Oise et il recommença à exercer un peu son métier. Nous n'avions pas un sou et vivions comme des clochards. Notre installation faisait fuir la clientèle normale. Il ne soignait que les pauvres dont il était incapable de se faire payer et acceptait de se déplacer pour les visites à domicile.

Dans le bas Meudon, une de ces dernières maisons vient de disparaître pour être remplacée par un immeuble.

Ma première élève aussi vient de mourir.

Tous ces gens qu'on a connus et qui n'existent plus, ce monde en train de disparaître.

On pense au *Temps retrouvé* de Proust. C'est extraordinaire le temps passé qui s'allonge. Louis n'aimait de Proust que ce dernier chapitre de *la Recherche du temps perdu*, un tome entièrement consacré à la caricature des gens que le temps réalise.

Le héros retrouve bien des années après, lors d'une soirée chez la princesse de Guermantes, les personnages qui ont peuplé sa jeunesse et il hésite à les reconnaître. Tout d'abord, il les croit grimés, puis les prend pour les pères ou mères des souvenirs qu'il en a gardés. Cette description minutieuse et impitoyable des visages et des corps à travers les changements de l'âge est d'une cruauté insupportable.

Je pense aussi au tableau de Rembrandt *les Trois Ages* que nous avions vu à La Haye en 1938, et qui fascinait Céline. Là encore, le temps qui s'en va et nous déforme.

En vieillissant, on fait peur aux tout jeunes. Eux voient bien la décrépitude. Ils nous prennent pour des sorcières.

Mon grand regret est de ne pas avoir eu d'enfants. Aujourd'hui je ne serais pas toute seule et même sans les voir, je saurais qu'ils existent. Mais là, il n'y a personne.

Je pense que de la même façon que les femmes qui n'ont pas été mères, les homosexuels ont quelque chose qui les éloigne de la vie.

Louis était contre l'avortement car il adorait les enfants. Enceinte, j'aurais gardé mon bébé, mais comment vouloir en avoir un quand on a été traqué toute sa vie et que, sans cesse, on a eu peur de mourir.

Quand Céline a eu sa fille Colette avec Edith Follet, son mariage est devenu sacré. Il n'aurait jamais divorcé sans son beau-père, le professeur Follet, qui, profitant de son départ à la SDN, a poussé Edith à le faire.

Louis m'avait dit : « Je n'aurais jamais dû avoir de descendance. » C'est vrai, il était hors norme.

Edith s'est remariée l'année qui a suivi son divorce avec un colonel et a eu un fils. Je ne sais pas si Céline l'a su car il ne m'en a jamais parlé. C'est ce fils-là qui, récemment, m'a appelée pour m'annoncer la mort de sa mère : « Vous deviez dîner avec elle ce soir, elle ne viendra pas car elle est morte. » C'est tout.

Le jour de l'enterrement de Louis, sa fille Colette est devenue folle, ma mère s'était installée à la cuisine et se faisait servir un repas fin, les gens entraient, sortaient, regardaient. Moi j'étais là comme une somnambule. Marcel Aymé voulait s'inspirer de toutes ces scènes pour raconter une histoire. Il n'en a pas eu le temps.

Par la suite Colette s'est prise pour moi, elle jouait des castagnettes et on l'a enfermée un moment à Sainte-Anne. Arletty aussi, à la fin de sa vie, me faisait lui raconter tout ce que Louis me disait et le rapportait comme s'il lui avait dit à elle directement.

C'est très étrange à ressentir, cette impression de quelqu'un qui, à la manière d'un bernard-l'ermite, vient s'installer à l'intérieur de vous, veut vous posséder comme pour voler votre esprit.

Un écrivain est un navigateur qui doit se battre contre les éléments, avoir une vie intéressante et mouvementée. C'est un créateur qui creuse pour trouver un trésor qu'il a en lui ; il n'y est pour rien mais, toute sa vie, il va approfondir. Céline était avant tout un artisan. Il construisait un bateau capable de voguer, puis c'était fini ; il n'était plus touché par ce qu'on pouvait en faire, en dire. Par contre, au moment de la fabrication, au sujet de l'écriture, il était pointilleux à l'extrême pour une virgule, des points de suspension.

Les émissions littéraires représentaient tout ce qu'il détestait. Il trouvait tout le monde ridicule : « Je te fais une fleur, tu me fais une fleur. Je te lèche, tu me lèches. »

A Meudon, les dernières années ont été terribles. La prison l'avait rendu fou. Désormais il avait la haine. Il pensait avoir payé pour les autres et il s'est senti persécuté. Il l'était réellement aussi d'une certaine manière.

Quand les journalistes ont commencé à prendre le chemin de Meudon pour visiter le monstre, il en a rajouté, il leur en donnait pour leur argent. Il jouait un rôle, faisait de lui-même sa propre caricature. On le croyait et il jubilait. Comme dans l'Antiquité romaine, dans la fosse aux lions, c'est du sang qu'on venait chercher. Alors il en donnait.

Son bras droit le faisait toujours souffrir, il était resté infirme après sa blessure durant la Grande Guerre et écrivait difficilement, en balayant le papier. Parfois il hésitait à saluer les inconnus avec sa main droite et souvent, lorsqu'il tendait la main gauche, on prenait ça pour du mépris. Jamais Louis ne se serait abaissé à fournir une explication.

Quand il a su ce qui s'était réellement passé dans les camps de concentration, il a été horrifié, mais jamais il n'a pu dire : « Je regrette. » On ne lui a jamais pardonné de ne pas avoir reconnu ses torts. Il n'a jamais dit : « Je me suis trompé. » Il a toujours affirmé avoir écrit ses pamphlets en 1938 et 1939 dans un but pacifique, et rien de plus. Pour lui, les juifs poussaient à la guerre et il voulait l'éviter. C'est tout.

Aujourd'hui ma position sur les trois pamphlets de Céline : *Bagatelles pour un massacre, l'École des cadavres* et *les Beaux Draps*, demeure très ferme.

J'ai interdit leur réédition et, sans relâche, intenté des procès à tous ceux qui, pour des raisons plus ou moins avouables, les ont clandestinement fait paraître, en France comme à l'étranger.

Ces pamphlets ont existé dans un certain contexte historique, à une époque particulière, et ne nous ont apporté à Louis et à moi que du malheur. Ils n'ont de nos jours plus de raison d'être.

Encore maintenant, de par justement leur qualité littéraire, ils peuvent, auprès de certains esprits, détenir un pouvoir maléfique que j'ai, à tout prix, voulu éviter.

J'ai conscience à long terme de mon impuissance et je sais que, tôt ou tard, ils vont resurgir en toute légalité, mais je ne serai plus là et ça ne dépendra plus de ma volonté.

Pendant les dix ans qui lui restaient à vivre, Louis demeurait à m'attendre quand j'allais à Paris, il vérifiait tout ce que je faisais et achetais. Il adorait que je lui raconte mes conversations avec les chauffeurs de taxi. Pour lui, la vie était là. De la même façon, quand il venait à Rennes, il aimait avoir des nouvelles du pays par Maria Le Bannier, la maîtresse de son beau-père Follet, qui était une cancanière de premier ordre. Elle allait partout, au fond des choses et aussi dans les interstices. On venait souvent à Saint-Malo avant la guerre et on y a d'abord loué une première chambre à Maria Le Bannier et, plus tard, une autre en haut sous les toits.

A Montmartre aussi, Céline se nourrissait de ragots, c'était pour lui l'expression de la vie en marche.

A Londres, dans les années 20, il avait vécu dans le milieu de la pègre et il aimait se souvenir et me raconter, comme dans un vrai roman noir, les histoires incroyables de son passé.

Celle-ci particulièrement : il avait à l'époque un copain qui travaillait au service des passeports et dont le vice était de se faire insulter par ses maîtresses. Un jour, son fils revient du front en permission et en grand uniforme. Dans un restaurant, au sous-sol, ils s'en vont dîner tous les quatre : le père, le fils, la maîtresse et Louis. La maîtresse en plein milieu du repas se met à insulter le père et s'en va en montant un grand escalier au milieu de la pièce. Le fils se lève alors, sort un poignard, la tue, tandis que le père et Louis la voient dégringoler l'escalier, baignant dans son sang, comme au cinéma. Le copain a maquillé l'affaire et renvoyé son fils au front.

C'est à la même époque que Céline, sur un coup de tête, avait épousé en Angleterre une prostituée, Suzanne Nebout, qui a inspiré en partie avec Elisabeth Craig le personnage de Molly dans le *Voyage au bout de la nuit*. Le mariage avait pu être annulé car Louis était mineur, mais il voulait déjà vivre une vie aussi forte qu'un roman.

Les plus belles fleurs poussent sur du fumier et c'est lui seul qui nous aide à créer.

De la même façon, je pense qu'il faut aller très bas dans l'horreur pour être capable de monter aussi très haut.

CHAPITRE X.

À PARIS DANS LE BATEAU-BUS.
DERNIERS MOMENTS ET DERNIÈRES AMITIÉS.

Et si Paris prenait pour un jour la couleur de Venise, si nous ne circulions plus qu'en bateau, à bord d'un temps suspendu ? Réaliser un rêve fou, l'espace d'un instant, ignorer la terre à jamais, glisser furtivement le long d'un fleuve, évoluer entre liquide et vapeur, se prendre pour un poisson et se parfumer de silence.
A la tour Eiffel, nous montons dans un bateau-bus.
Seules sur le pont, nous remontons jusqu'à l'île Saint-Louis pour revenir à notre point de départ : une boucle de ciel et d'eau.

A Meudon, Louis travaillait. Il travaillait la nuit. Je pense que, tout comme Proust, Céline n'aurait pas écrit son œuvre s'il n'avait pas été un grand malade insomniaque.

Son livre *Normance* ou *Féerie II* parut en 1954 et ce fut un échec total. Il l'avait dédié à Pline l'Ancien à qui il s'identifiait : il était mort asphyxié pour avoir voulu voir de trop près le Vésuve.

C'était un livre impossible, mais qui correspondait exactement à ce que Louis souhaitait faire réellement. L'histoire disparaissait. N'existait plus que l'émotion pure, l'essentiel.

On ne l'a pas compris.

Avec *D'un château l'autre*, écrit immédiatement après, il reprenait la chronique de sa vie en témoin privilégié de son existence.

Comme toujours, il racontait à mi-chemin du vrai et du pas vrai et *D'un château l'autre* connut un grand succès.

A la fin de l'année 56, Gaston Gallimard avait engagé Roger Nimier comme conseiller littéraire des éditions. Entre lui et Céline le courant passa tout de suite. C'était un être charmant, d'une gentillesse et d'une bonté étonnantes. Intelligent, brillant, original, on ne pouvait pas ne pas l'aimer.

Il lui arrivait de coucher dans le bureau même de Gaston et, à la NRF, il faisait la pluie et le beau temps.

Séduit, Louis regrettait seulement que son talent ne soit gâché par une trop grande facilité et un manque de travail.

A la différence de Paul Morand qui, le premier, avait créé un genre, Nimier n'avait pas encore trouvé son style.

C'est lui qui assurait le lien entre Gaston et Céline, et ce fut pour Louis une dernière grande amitié.

Pour Céline, il aurait pu faire beaucoup, mais il a fallu qu'au mois de novembre 1962, il se tue, grisé par la vitesse.

En voyant sa superbe voiture de course,

Louis lui avait dit : « Ce sera votre cercueil. »

Quand on a un destin de martyr, tous ceux qui pourraient vous venir en aide meurent.

Il y en a eu trois qui toujours l'ont soutenu : Roger Nimier, Marcel Aymé le fidèle, le sensible, et puis Paul Morand enfin. Ce diplomate fortuné, si éloigné du monde de Céline, qui pourtant avait tout compris quand dans *Mon plaisir en littérature*, il écrit parlant de Louis après sa mort : « Le voici dans le silence posthume, après l'autre ; il ne suce pas ce sein rebondi qu'est la coupole du Panthéon ; c'est un pauvre chien d'aveugle qui s'est fait écraser, tout seul, pour sauver son maître infirme, cette France qui continue à tâter le bord du trottoir. »

A Meudon Louis a eu une attaque, un petit accident cérébral. Un jour, il a envoyé en l'air tous ses papiers et a perdu conscience. Pendant plusieurs semaines, je l'ai nourri à la petite cuillère, personne ne l'a su. Puis un matin, il s'est réveillé, a repris son travail là où il l'avait laissé, comme si rien n'était arrivé.

A la fin de sa vie, il se passionnait pour l'histoire des Cathares et des Albigeois. Il se documentait sans cesse sur cette époque, fasciné par tant de cruauté et par tous ces hommes qui périssaient emmurés vivants. Il y voyait sa propre existence, entre rêve et cauchemar, réel et imaginaire.

La nuit essentiellement, quand ses infirmités lui laissaient un peu de répit, il travaillait à ce qui allait être son dernier livre, *Rigodon*.

Il gaspillait ses ultimes forces à essayer de récupérer de l'argent auprès de son éditeur.

Son combat était perdu d'avance, mais il se minait réellement.

Devant Louis qui l'engueulait sans arrêt, Gaston était tout miel mais il n'en faisait bien sûr qu'à sa tête.

J'ai toujours pensé que si Gallimard n'avait pas menacé de nous couper les vivres, obligeant Louis à travailler sans relâche, il ne serait pas mort si vite. Gaston a tué la poule aux œufs d'or en quelque sorte.

Ma vie entière j'ai tenté sans succès d'assouplir le caractère de Céline. Je le tempérais, le mettais en garde, servais de tampon entre lui et les autres. Jamais ça n'a servi.

Il faut dire que Louis était fou aussi d'une certaine manière.

Depuis l'époque des pamphlets, il ne voulait rien entendre.

Nous travaillions chacun de notre côté, lui à son écriture, moi à ma danse.

Jamais Céline n'a voulu m'entretenir. Il me disait : « Quand on n'a pas d'argent, on n'a pas le droit d'ouvrir la bouche. » Il me voulait indépendante financièrement et n'aurait pas admis que je renonce à donner mes cours.

Après sa mort, c'est la seule chose qui m'a permis d'attendre que le procès fait à *Nord* aboutisse et que tant d'autres problèmes se règlent. Mon métier m'a sauvé la vie.

CHAPITRE XI.

EN VOITURE DANS PARIS.
TOTO, LES OISEAUX DANS LA SALLE DE BAINS.
LA MORT DE LOUIS.

Plus que tout Lucette a aimé se perdre dans Paris.
Nez au vent, nous partions. Elle, au volant d'une voiture insensée, pleine de poils de chiens, de vaporisateurs à parfum destinés à faire taire Fun et Roxane par une bonne giclée sur la truffe quand, à chaque arrêt, ils hurlaient contre les passants, les voitures, une feuille qui bouge, un marron qui tombe.
Lucette casquette à la gavroche, lunettes de soleil et bouche rouge sang, tournait souvent une dizaine de fois autour d'un sens giratoire avant d'oser en sortir, juste pour le plaisir de faire des ronds et de laisser le hasard décider à sa place de la direction.
Cette caravane aboyante aux odeurs de sorcière et de lavande, aux poils collants qui transformaient tout vêtement en manteau de chien, s'est longtemps promenée dans Paris.
Tout le long des quais vers l'île Saint-Louis, ses glaces et son café sur l'eau, la

place des Victoires, la rue des Petits-Champs, les lieux des origines mais aussi vers la Samaritaine et le Tout-Paris, le boulevard Saint-Germain et la boutique de la CFOC, rue du Faubourg-Saint-Honoré, au café Verlet surtout où elle faisait provision de sacs à café en grosse toile de jute qu'elle entassait chez elle comme des tapis magiques.
Et puis un jour, la tribu itinérante ne s'est plus mise en route.
Mais c'est à l'intérieur de cette maison roulante que Lucette aimait se souvenir.

Après la mort de Bébert des suites d'un cancer dont on l'avait opéré au Danemark, j'ai cherché pour Céline un nouveau compagnon. Je voulais un oiseau.

J'ai acheté le perroquet Toto à la Samaritaine et après un premier contact désastreux, ils sont devenus inséparables.

Toto vivait en liberté dans la pièce où Louis travaillait. Il picorait ses feuilles de papier ou ses pinces à linge. Il avait tous les droits et je les entendais souvent se disputer et dialoguer dans un langage connu d'eux seuls.

Ma salle de bains à moi était comme une cage à oiseaux. J'avais fait installer des barreaux aux fenêtres et, chaque fois que j'allais à la Samaritaine, j'en rapportais de nouveaux oiseaux. Ils volaient librement, faisaient des nids, se reproduisaient.

J'avais un serin tisserand qui me fabriquait des petits tapis avec des bouts de laine.

Tous, quand je lisais dans ma baignoire, transperçaient mon journal pour que je m'intéresse à eux. C'était délicieux.

Louis savait bien que je vivais avec tous ces oiseaux dans la maison. Jamais il n'en parlait.

C'est moi qui lui ai appris à être curieux des animaux.

En prison, je lui ai enseigné à reconnaître le chant des oiseaux et le temps lui paraissait moins long lorsqu'il s'absorbait dans leur contemplation. C'était le spectacle enchanté du monde des vivants.

A la mort de Louis, j'avais huit chiens, beaucoup de chats, et ceux de ma mère en plus que j'avais dû mettre à part car ils étaient méchants et se battaient sans arrêt. En tout depuis notre arrivée à Meudon en 1951, j'ai eu cinquante chiens et je n'ai pas compté les chats. Je recueillais tous les animaux perdus et leur cuisinais des sortes de ragoûts. Chats, chiens, oiseaux, tout le monde vivait en liberté et s'entendait tant bien que mal.

Il y a des années, une poule a vécu ici.

Tous les jours, dans un bidet au fond du jardin, elle pondait un œuf et saluait son exploit par des caquetages sonores qui attiraient invariablement l'un des chiens qui venait lui manger son œuf.

Ça s'est déroulé comme ça durant toute sa vie de poule dans une véritable ambiance à la Fellini.

Récemment j'ai eu aussi une tortue, « petite maman », qui adorait les cerises dont elle recrachait les noyaux.

Dans mon jardin, il y a une chouette et des rossignols dont je guette le retour chaque année.

C'est à leur chant que je distingue tous mes oiseaux. J'adore aussi les rouges-gorges, petits bossus à la gorge rouge qui font leur nid tout près du sol malgré les chats qui s'en régalent.

Les *hartz* demeurent mes préférés. Pinsons allemands, ils s'exerçaient jadis à chanter auprès des savetiers dans les montagnes et leur mélodie est la chose la plus extraordinaire qui existe au monde.

En 1959, Louis a définitivement arrêté d'exercer la médecine et sa santé si fragile s'est de plus en plus détériorée. La nuit il me dictait des morceaux de *Rigodon*. Je l'avais laissé seul, je ne dormais plus avec lui mais, toutes les heures, j'allais le voir, je guettais. Il ne lui restait plus beaucoup de temps à vivre. Une seule chose demeurait importante pour lui : finir *Rigodon*.

Le 30 juin 1961, il a écrit le mot fin au bas d'une page, rédigé une lettre à Gaston pour lui demander un nouveau contrat.

Le lendemain, il était mort.

Delphine, la chienne que nous avions à l'époque, l'a attendu au pied de son fauteuil pendant des mois, là, dans l'entrée, le studio de danse n'existait pas encore.

CHAPITRE XII.

LE CAFÉ DE L'ÎLE SAINT-LOUIS.
LA VIE QUI CONTINUE.

L'île Saint-Louis. Le café « le Flore en l'île ».
Toujours, Lucette revient là. Aux murmures des berges, aux origines.
Une pause, un arrêt, dans la vie, comme pour reprendre souffle.
Là, sous nos yeux, derrière la vitre, le pont Saint-Louis.
L'endroit même où jadis la bohémienne avait suggéré de jeter à l'eau le petit bébé qu'elle était.
Comme d'habitude, on commande un café liégeois bien écœurant.
Nous aimons tellement ce qui va nous faire mal.
Un moment de pure légèreté. Des nuages gorgés d'eau, un soleil gris rempli de pluie, la Seine immobile et la voix de Lucette, comme un parfum oublié qui suspend le temps.

Les journalistes étaient déjà là depuis plusieurs jours. Eux aussi guettaient. Ils restaient perchés dans les arbres. Ils voyaient bien que je laissais les volets fermés et ils pensaient que, pour Louis, c'était déjà fini. J'étais seule, absolument seule.

La nuit qui a suivi sa mort, je l'ai passée là-haut, à enregistrer sur un petit magnétophone la version définitive de *Rigodon*. Je voulais garder une trace du texte achevé. Louis écrivait tellement de moutures différentes avant d'arriver à ce qu'il cherchait vraiment, que je devais absolument fixer la dernière.

Depuis toujours il testait sur moi sa phrase, me lisant à voix haute ce qu'il venait de rédiger. J'étais la seule auditrice de son travail et j'ai gardé dans l'oreille la musique très jazzy qui en émanait. Seul Luchini a su la retrouver. Il est comme un alambic qui se remplit d'alcool et donne du calvados. Il absorbe la littérature de Louis pour en distiller le nectar.

Comme un décoquilleur de mots, il dissèque un texte pour ensuite redonner vie au cadavre.

C'est très rare ce qu'il fait.

Le lendemain de la disparition de Céline, tout s'est enchaîné. A l'enterrement, les journalistes n'étaient pas prévenus et ils sont arrivés après. Seuls les intimes étaient là : Marcel Aymé, Gaston Gallimard et son fils Claude, Roger Nimier et Marie Canavaggia avec un chapeau à cerises. Gaston ne la connaissait pas et a appris par Nimier qu'elle était la femme de confiance de Céline. Dès le lendemain, Nimier et Canavaggia sont venus de la part de Gallimard chercher une malle contenant les derniers manuscrits.

Ma mère qui pensait maintenant pouvoir s'installer avec moi et dépenser au jeu l'argent de Céline était là, la famille de Louis aussi qui a été si atroce, sa fille qui voulait me chasser de chez moi et qui a failli réussir car, sans le notaire, je partais.

Je voulais mourir, plus rien n'existait, j'étais comme morte moi aussi.

Pourtant, telle une somnambule, j'ai continué à assurer mes cours de danse. Je travaillais comme une folle, jour et nuit.

Je me suis mise alors à fumer avec frénésie. Parfois plusieurs cigarettes à la fois.

Toujours, j'ai été entière, absolue. Tout ce que j'ai fait, je l'ai fait à fond.

Quand j'ai attrapé la gale, d'un chien que je ne connaissais même pas, c'est sous la forme la plus grave.

Quand j'ai voulu boire un petit vermouth, tout de suite j'ai senti que si je n'arrêtais pas sur-le-champ, je ne pourrais plus jamais m'en passer. C'était amer et j'adorais ça. C'est à Lisbonne que j'avais pris cette habitude. J'ai arrêté brutalement, d'un seul coup, comme pour la cigarette.

Je ne peux rien faire à moitié et Louis me disait : « Heureusement que tu n'as pas connu le bordel. »

Si j'avais commencé à jouer, j'aurais plongé comme ma mère.

Après la mort de Céline ils sont tous venus comme des abeilles pour prendre du miel et puis ils sont tous repartis.

Je me suis fait voler toute ma vie, sans doute à cause de ma mère qui le faisait et m'a pervertie.

Ensuite, je n'ai plus pu changer ma nature. Louis me disait : « Tu es un mouton, tu es faite pour te faire tondre. »

Marcel Aymé me demandait : « Lucette, quand saurez-vous dire non ? »

Avec Louis, j'ai perdu beaucoup de ma naïveté. Comme lui jadis, il m'arrive de voir parfois les gens tout nus dans leurs vêtements. Cette extrême lucidité, comme un acide qui brûle, me permet de déceler les turpitudes et le double jeu de beaucoup d'êtres.

Je demeure incapable de le leur dire, je continue à faire semblant, c'est mon infirmité, ma lâcheté.

Aujourd'hui j'ai l'impression d'être une

carcasse en Afrique. Tout le monde continue à me tirer dessus pour attraper un peu de viande, mais la bête est encore vivante.

Dans ma vie, je n'ai pas éprouvé de plus grande jouissance que de nager dans la mer, me battre contre les vagues.
Peut-être aussi répéter indéfiniment un mouvement et réussir à l'exécuter. C'est la même chose, un combat gagné sur le corps.
Lorsque, après mon opération du genou, j'ai, grâce à mes exercices, entièrement reconstruit mon articulation, j'ai éprouvé un vrai sentiment de triomphe quand le chirurgien m'a dit : « Si ce n'était pas moi qui avais placé dans votre jambe une rotule en plastique, je croirais que c'est votre vrai genou. » C'est un peu la victoire de l'esprit sur la matière.
Si j'aime autant la peinture de Bonnard, c'est pour la même raison. La qualité de la lumière qui transparaît dans ses toiles est exceptionnelle. Je pense plus

particulièrement au *Nu sombre* où la clarté est si vive et subtile à la fois qu'elle gomme les contours mêmes d'un bras, irisant ainsi le corps entier de la femme de quelque chose d'immatériel qui la transcende.

Dans la vie, je pense que tout est difficile et doit s'apprendre. Un moment, je lisais les mémoires des favorites des rois. Ce qui était délicat, ce n'était pas de plaire. Quand on est jeune et belle, on n'a que l'embarras du choix, la prouesse, c'était de durer. C'est un vrai métier qui s'apprend.

Pour savoir si une vie a été ou non heureuse, on doit la voir jusqu'au bout. La mienne est en mille morceaux que je n'arrive pas à ramasser, je suis trop vieille.

Pour mes quatre-vingt-six ans, j'étais au milieu des autres comme un bébé. Avec le grand âge on retombe en enfance et on vous trimbale de la même façon.

Couchée, je ne m'ennuie pas. Je voyage

dans ma tête. Des images apparaissent et disparaissent.

Louis m'avait dit : « Toutes les femmes te détesteront. » C'est vrai, toutes les femmes de la vie de Louis m'ont détestée.

Marie Bell, que j'avais connue au conservatoire bien avant Céline, ne m'appréciait pas. J'étais chargée de créer des pas. Elle seule a refusé de les faire.

Marie Canavaggia était amoureuse de Louis et ne m'aimait pas non plus.

Karen, la danseuse danoise qui nous hébergea à Copenhague, m'a jetée dehors dès l'emprisonnement de Céline.

Évelyne Pollet, jeune écrivain belge qui a raconté son histoire avec Louis dans son roman *l'Escalier*, ne pouvait pas me supporter.

« Toutes les femmes seront jalouses de toi », me disait Louis.

Arletty aussi se méfiait de moi. Elle était plus fine et perverse que les autres et le cachait davantage. Après la mort de Louis, je l'ai beaucoup fréquentée. Elle m'appelait «son petit Vermeer», m'embrassait les mains et disait m'adorer.

Je me souviens d'un dîner où elle n'avait pas voulu se rendre. Elle m'avait chargée de demander de sa part des nouvelles de la maîtresse de maison. J'ai eu la naïveté de le faire. Celle-ci s'était suicidée l'année précédente, sans doute à cause d'elle.

Avec Lili Dubuffet, je suis aussi beaucoup sortie. C'était une petite femme piquante, très rigolote, avec qui je m'entendais bien. Elle n'aimait pas jouir mais gâcher. L'argent ne l'intéressait pas, elle entassait les fourrures et autres objets de luxe, sans jamais rien donner. Elle formait avec son mari un vrai couple fidèle et sensuel à la fois. Dubuffet l'avait connue comme modèle en 1945 et, tous deux mariés chacun de leur côté, avaient une fille et avaient tout quitté l'un pour l'autre.

Devant moi souvent, ils s'embrassaient; de vrais baisers d'amoureux, des langues profondes qui s'achevaient en roucoulement de colombe. Il était vieux, tout cassé, ça n'avait pas d'importance, ils s'aimaient.

Lili se conduisait avec lui en gamine capricieuse, critiquait sa peinture et ne le prenait pas au sérieux.

Elle pouvait tout se permettre, moi j'étais là pour distraire Lili, c'est tout.

Dubuffet pensait que Céline et lui étaient les deux génies du siècle. Louis l'a toujours pris pour un mystificateur, mais ça lui était égal.

Dubuffet détestait les flatteurs et avec lui j'ai toujours parlé vrai. Il volait leur âme aux fous en s'inspirant de leurs dessins et il aurait bien voulu me faire, moi aussi, dessiner.

Il avait complètement changé de vie à quarante-cinq ans. Tout était pensé, fabriqué, rien n'était laissé au hasard. Jusqu'à cinquante ans, il travaillait comme Toulouse-Lautrec, puis il s'était lancé dans l'aventure de l'art brut.

Céline n'aimait pas les femmes hystériques. Moi, j'étais fidèle dans l'âme. Tout pouvait s'arrêter du jour au lendemain, à cause de lui, jamais de moi.

Récemment, j'ai un peu connu et beaucoup aimé Mouloudji.

Kabyle aux yeux veloutés et charmeurs, il aimait les femmes et les chats dont il avait la grâce et la furtive délicatesse. C'était un morceau d'émotion où s'imprimaient les plus fines vibrations de l'air. Il est parti trop vite après notre rencontre, et aujourd'hui il me manque.

Juste après la disparition de Céline, je m'étais enfermée dans la pièce là-haut : je ne voulais plus vivre, j'attendais, souhaitant mourir. Roger Nimier est arrivé pour me voir avec son fils âgé à l'époque de deux ou trois ans. Il me l'a lancé dans les bras, sans un mot. C'était très émouvant.

J'ai immédiatement réagi et compris que je devais me battre.

Louis m'avait choisie pour qu'à travers moi, il vive encore. Sa fille ayant renoncé à la succession, j'ai fait retranscrire *Rigodon* et me suis occupée de le faire éditer. Damien, le maire de Versailles, avait projeté sa parution dans la gazette locale sous forme de feuilleton. C'était inacceptable et j'ai immédiatement contacté Gaston Gallimard qui est venu parler avec moi. Je me suis battue contre les conditions que me proposait son fils Claude. J'ai tenu bon lors du procès fait à *Nord* et tout cela, je l'ai gagné grâce à mes cours de danse qui m'ont permis de vivre en attendant.

Seule, je n'aurais rien pu faire.

J'avais demandé à Damien, qui était aussi avocat, de m'aider. Très vite débordé, il m'a un jour présenté pour le remplacer un tout jeune homme timide et secret.

Et c'est ainsi qu'au mois de juillet 1962, j'ai fait la connaissance de François Gibault...

Il avançait orgueilleusement dans l'existence en compagnie de son ami Bob, fou d'opéras et de voyages.

Bob avait quelque chose de prussien dans l'allure et le tempérament, et je l'imaginais en guerrier sauvage capable de tuer des ours à mains nues dans la steppe gelée.

Plus jeune, il avait voulu être prêtre et était entré au séminaire.

Tous les trois, nous nous sommes alors mis en route et promenés de par le monde.

Grâce à eux deux, la vie s'est à nouveau glissée en moi.

A cinquante-deux ans, j'ai aussi passé mon permis de conduire. C'est le code par cœur qui m'a donné le plus de mal.

Après, seule, je suis vraiment entrée dans la fosse aux lions. Tout au long de ma vie sans Céline, j'ai voulu le défendre, et ça a été mon unique et immense force.

Aujourd'hui, je suis comme une voiture qui n'a plus de moteur. Il ne reste que la carcasse ; je ne pensais pas que c'était si long de mourir.

« A Lucette Almanzor, si secrète encore au seuil de la vie. » Cette première et seule dédicace de Louis pour moi sur un exemplaire du *Voyage au bout de la nuit* me fait mal.

Je n'ai plus aucun secret, plus aucune autonomie et une équipe de garde veille sur moi, jour et nuit.

Tout le monde discute de mes moindres faits et gestes, j'ai l'impression d'être à nouveau en prison.

Même mes chiens sont aplatis et il me semble que la maison est remplie de gendarmes qui interdisent tout.

Je suis de moins en moins présentable, d'ici peu je recevrai, comme Sarah Bernhardt, mon cercueil à côté de moi. Comme dans l'Antiquité, le tombeau est prêt.

Je ne suis plus qu'une pauvre chose dont la vie s'égoutte peu à peu. Bientôt il n'y en aura plus, c'est normal.

Il paraît que, quand on est mort, l'âme lévite. Je sais que s'il y a quelque chose après, on ne peut pas le concevoir, mais peut-être…

Le choc que j'ai reçu avec la visite du

petit-fils de Céline, Jean-Marie Turpin, complètement ivre et agressif, a été comme un coup de poignard dont je ne peux pas me remettre.

Cette famille a été si méchante avec moi.

Maintenant, je ne sors plus, je fais en quelque sorte partie du passé, mais je n'ai plus à me battre et je me sens apaisée.

Mes amis sont là, fidèles.

Tout ce qu'on dit sur Céline, ce sont des graffitis sur un mur. Mais le bâtiment est là et il tient.

Pour toujours.

« Tiens voilà ma petite merveille, mon tout mignon, mon Ariel », c'est Lucette qui, aujourd'hui encore, m'accueille et me parle comme autrefois.
Je la regarde.
Elle a toujours les yeux mouchetés comme des œufs de grive, la peau tapissée par le chagrin et des cheveux de Gorgone couleur de miel mêlé de cendre.
Elle est tout à la fois une fée, une sorcière et un talisman.
Elle s'applique désormais à s'effacer doucement de la surface du monde, ne fait plus qu'effleurer les êtres et les choses, s'adapte à tout. Elle est souple comme un gant.
Elle est toujours vivante.

Impression réalisée sur CAMERON par

BUSSIÈRE CAMEDAN IMPRIMERIES

GROUPE CPI

à Saint-Amand-Montrond (Cher)
en avril 2001
pour le compte des Éditions Grasset,
61, rue des Saints-Pères, 75006 Paris.

N° d'édition : 11936. — N° d'impression : 11751-011431/1.
Dépôt légal : avril 2001.

Imprimé en France

ISBN 2-246-61871-1